中国社会科学院创新工程学术出版资助项目

居安思危·世界社会主义小丛书

欧洲共产党与反法西斯抵抗运动

镌刻史册的伟大贡献

于海青　童　晋◎著

社会科学文献出版社

SSAP
SOCIAL SCIENCES ACADEMIC PRESS (CHINA)

居安思危·世界社会主义小丛书
编 委 会

"居安思危·世界社会主义小丛书"总序（修订稿）

中国社会科学院原副院长

世界社会主义研究中心主任、研究员

李慎明

"居安思危·世界社会主义小丛书"既是中国社会科学院世界社会主义研究中心奉献给广大读者的一套普及科学社会主义常识的理论读物，又是我们集中院内外相关专家学者长期研究、精心写作的严肃的理论著作。

为适应快节奏的现代生活，每册书的字数一般限定在4万字左右。这有助于读者在工作之余或旅行途中一次看完。从 2012 年 7 月开始的三五年内,这套小丛书争取能推出 100 册左右。

这是一套"小"丛书,但涉及的却是重大的理论、重大的题材和重大的问题。主要介绍科学社会主义基本理论及重要观点的创新,国际共产主义运动中重大历史事件和重要领袖人物(其中包括反面角色),各主要国家共产党当今理论实践及发展趋势等,兼以回答人们心头常常涌现的相关疑难问题。并以反映国外当今社会主义理论与实践为主,兼及我国的革命、建设和改革开放事业。

从一定意义上讲,理论普及读物更难撰写。围绕科学社会主义特别是世界社会主义一系列重大理论和现实问题,在极有限的篇幅内把立论、论据和论证过程等用通俗、清新、生动的语言把事物本质与规律讲清楚,做到吸引人、说服人,实非易事。这对专业的理论工作者无疑是挑战。我们愿意为此作出努力。

以美国为首的西方世界的国际金融危机,本质上是经济、制度和价值观的危机,是推迟多年推迟多次不得不爆发的危机,这场危机远未见底且在深化,绝不是三五年就能轻易走出去的。凭栏静听潇潇雨，世界人民有所思。这场危机推动着世界各国、各界特别是发达国家和广大发展中国家的普通民众开始进一步深入思考。可以说，又一轮人类思想大解放的春风已经起于青蘋之末。然而，春天到来往往还会有"倒春寒"；在特定的条件下，人类社会也有可能还会遇到新的更大的灾难，世界社会主义还有可能步入新的更大的低谷。但我们坚信，大江日夜逝，毕竟东流去，世界社会主义在本世纪中叶前后，极有可能又是一个无比灿烂的春天。我们这套小丛书，愿做这一春天的报春鸟。党的十八大后，在以习近平同志为总书记的党中央正确而又坚强的领导下，我们更加充满了信心。

现在，各出版发行企业都在市场经济中弄潮，出版社不赚钱决不能生存。但我希望我们这套小丛书每册定价不要太高，比如说每本 10 元是否可行？相关方面在获取应得的适当利润后，让普通民众买得起、读得起才好。买的人多了，薄利多销，利润也就多了。这是常识，但有时常识也需要常唠叨。

敬希各界对这套丛书进行批评指导，同时也真诚期待有关专家学者和从事实际工作的各级领导及各方面的人士为我们积极撰稿、投稿。我们选取稿件的标准,就是符合本丛书要求的题材、质量、风格及字数。

2013 年 3 月 18 日

目录 | Contents

一 伟大不屈的斗争史诗

在 20 世纪，人类先后受到两次大规模的世界性战争的洗礼。第一次世界大战是帝国主义国家之间为争夺世界霸权而进行的帝国主义战争，而同样是资本主义对外扩张、重新划分势力版图的第二次世界大战，则因为法西斯主义的兴起以及各国人民掀起的轰轰烈烈的抵抗斗争，成为一场伟大的反法西斯战争。

在欧洲，为捍卫国家尊严与独立而奋起的各国人民同凶残的法西斯敌人进行了一场殊死搏斗。在这场"正义反对邪恶、光明驱散黑暗"的斗争中，以欧洲各国共产党为主要组织和领导力量的反法西斯抵抗运动，在广大敌占区和法西斯国家内部，以包括武装游击战争在内的各种形式，同法西斯主义展开了英勇无畏的斗争，为夺取战争最后胜利立下不朽功勋，书写了一部伟大而不屈的斗争史诗。

（一）欧洲反法西斯抵抗运动扫描

作为一种极端政治思潮的法西斯主义，产生于第一次世界大战之后,是当时社会政治经济动荡加剧、资本主义陷入全面危机的产物。20世纪二三十年代,鼓吹沙文主义、标榜建立超阶级集权主义统治的德意日法西斯专制政权粉墨登场,对内实行野蛮的恐怖统治,对外进行扩张和征服,狂热争夺无限的"生存空间"。在英法美等国绥靖政策的一味纵容下,法西斯势力迅速膨胀,一度占据极大政治优势,控制了几乎整个欧洲大陆,占领了半个亚洲,还侵入非洲,全世界8亿多人口处于法西斯的铁蹄之下。

在欧洲地区,法西斯的侵略激起了人民的愤怒和反抗,民族抵抗运动成为不可阻挡的历史潮流。欧洲抵抗运动的起点,是1936～1939年西班牙人民革命和反对德意武装干涉的斗争。在这场欧洲抵抗运动的揭幕战中,来自54个国家的约3.5万名反法西斯主义进步人士先后成立7支国际纵队,发扬崇高的国际主义精神,与西班牙人民并肩作战,英勇抗击外敌入侵。斗争尽管最终失败了,但极大牵制了德意法西斯对其他国家的侵略行动,为欧洲各国人民的反法西斯斗争提供了宝贵的经验教训。

1939 年 9 月 1 日,德国入侵波兰,揭开了第二次世界大战的序幕,也标志着欧洲大规模反法西斯抵抗运动全面开始。从这一刻起,直至 1945 年 5 月德国战败投降,欧洲人民进行了近 6 年艰苦卓绝的反法西斯抵抗斗争。被德意法西斯占领的许多国家的人民,或者在本国坚持进行地下斗争或游击战争,或者在国外组织军队,给德意纳粹以沉重打击。在战争后期,有的国家的人民成功举行了武装起义,解放了大片国土;有的国家的人民在光复祖国之后,继续追击法西斯,支援其他国家人民的解放斗争。即便在发动战争的德国和意大利,人民群众也采取各种形式,甚至进行武装斗争,反抗本国法西斯统治,支援被法西斯侵略和奴役的各国人民的斗争。

抵抗运动在欧洲不同国家发挥的作用不同,在同一国家不同时期发挥的作用也不相同。多数研究依据历史进程,将欧洲反法西斯抵抗运动划分为三个或四个主要阶段。[1] 从 1939 年 9 月 1 日德国入侵波兰到 1941 年 6 月

---

① 文暖根等:《欧洲反法西斯抵抗运动史》,陕西人民出版社,1985。

22 日苏德战争爆发,是欧洲反法西斯抵抗运动的兴起阶段。随着德意法西斯的战火燃烧至除苏联、瑞典、瑞士和葡萄牙之外的整个欧洲和北非,几乎所有欧洲国家的民众都融入了抵抗运动的洪流。比如,在德国最早占领的捷克斯洛伐克和波兰,民众展开了各种形式的反占领斗争,宣传鼓动、收集情报、怠工罢工以及开展其他各种破坏活动。在法国、丹麦、挪威、荷兰、比利时,斗争中逐渐形成了一些大规模的抵抗运动组织,它们出版地下报刊、组织罢工和破坏军工生产等。但总的来看,这一时期除了希腊、南斯拉夫等少数已经开展武装斗争的国家外,多数斗争仍然处于自发、分散状态,缺乏凝聚力,并未能对德意纳粹形成大规模有效进攻。

从苏德战争爆发直至 1944 年 6 月第二战场开辟,是欧洲反法西斯抵抗运动蓬勃发展的时期(也有研究以 1943 年春斯大林格勒战役胜利为节点,将之划分为发展和壮大两个阶段)。在这一时期,欧洲各国如法国、希腊、南斯拉夫、保加利亚的反法西斯统一战线纷纷建立起来,为抵抗运动的深入发展打下了重要基础。同时,以人民游击战争为主要斗争形式的武装斗争在东西欧各国普遍展开。一些国家建立起强大的人民武装力量,比如,法国、南斯拉夫的游击队分别发展到50万和80万人。这些游击运动在法国东南部、意大利北部、波兰的卢布林地区以及南斯拉夫、希腊的广大山区,建立了较为巩固的根据地,在反法西斯统一战线领导下,以"人民解放军""人民近卫军"等命名的武装游击队,广泛开展武装游击斗争以及各种形式的破坏活动,使德意法西斯在欧洲战场上腹背受敌,有力地发挥了牵制作用。

从第二战场开辟到1945年5月德国法西斯投降,是各国兴起抵抗运动为实现全国解放而斗争,并夺取最后胜利的时期。在这一阶段,抵抗运动积极配合苏联红军和美英盟军作战,在不少国家甚至成为对德进攻的主力军。在法国,游击战争发展成为席卷大半个国土的全民武装大起义,人民抵抗运动依靠自己的力量解放了首都巴黎;在意大利,游击队在盟军到达之前已经解放了北方大小125座城市;在南斯拉夫,到1945年时,游击战发展成为运动战,抵抗运动解放了大片国土,并配合苏联军队消灭了大批德军;在东欧和巴尔干地区的其他国家,人民武装也与苏军相互配合,实现了国家的解放。

第二次世界大战的胜利是大势所趋、人心所向。毛泽东同志早就具有前瞻性地指出,"法西斯侵略势力是一定要被打倒的,人民民主势力是一定要胜利的";"人民将赢得战争,赢得和平,又赢得进步"。① 作为一场世界性的反法西斯战争,各国人民为赢得战争的胜利付出了巨大代价,做出了不可磨灭的伟大贡献,这场使世界人民蒙受了空前浩劫的战争,必然以人民战争的最终胜利而被世人铭记。然而长期以来,一些人,尤其是西方一些国家,在反思和评价二战时,往往刻意贬低各国人民的抵抗运动在推动战争走向胜利过程中的地位和作用,比如,强调抵抗运动只是一种精神力量,虽然承认其在改变二战的性质方面起到了作用,但否认它是一种有助于击败法西斯的武装力量,等等。这种历史态度是不客观的,也是不公正的。从二战的欧洲战场看,当英法等国执行绥靖政策,对德国法西斯的侵略行径或坐视不管,或宣而不战之时,正是被占领下的欧洲各国人民高举起反法西斯旗帜,掀起了波澜壮阔的抵抗运动。在整个战争进程中,以千

---

① 《毛泽东选集》第 3 卷,人民出版社,1991,第 1031 页。

百万普通民众为主体的反法西斯抵抗运动贯穿始终,遍及几乎所有欧洲国家,就连未被占领的英国以及瑞士、瑞典、葡萄牙等国的人民也直接或间接地参加了反对德国法西斯的斗争。面临亡国灭种威胁的欧洲各国人民同呼吸共命运,相互支援和配合,共同抗击法西斯侵略,谱写了一曲曲荡气回肠、气壮山河的抗敌凯歌。2015 年是世界反法西斯战争胜利 70 周年。在纪念人类历史上这个重要事件的时候,我们应该永远铭记被称为"平民之战"的抵抗运动,为争取欧洲各国民主自由、民族独立和解放而做出的杰出贡献。

(二)反法西斯抵抗运动中的欧洲共产党

诞生于第一次世界大战和欧洲革命过程中的各国共产党,是欧洲许多国家反法西斯抵抗运动的核心和主要领导者、组织者。

从时间上看,欧洲共产党的反法西斯斗争早于抵抗运动的出现。早在 20 世纪二三十年代,面对法西斯势力的兴起和日渐猖獗,以及帝国主义战争威胁的逼近,欧洲共产党就已把反法西斯斗争作为其重要任务。在意大利,共产党人在被宣布为非法而转入地下后,一直不屈不挠地开展各种形式的反法西斯宣传、鼓动等工作。在德国，为阻止希特勒法西斯上台，德国共产党在 1930 年发表《德国人民民族解放与社会解放纲领》，深刻揭露了纳粹党的民族主义和社会主义的欺骗性，以及其侵略本质和发动战争的危害性。1933 年希特勒在德国上台后，一些国家的共产党积极呼吁所有反法西斯组织团结起来建立政治联盟。1934 年，法国共产党、意大利共产党分别与社会党签订了《统一行动公约》。1935 年，共产国际七大号召各国共产党建立反法西斯人民阵线。法国、西班牙等国共产党组建了人民阵线政府，与国内的法西斯势力做斗争，捍卫人民民主权利。在西班牙三年内战期间，共产党等进步力量尤其是共产国际在组织开展与佛朗哥法西斯集团等国内外法西斯势力斗争中发挥了重要作用。

二战爆发后，一些欧洲共产党受《苏德互不侵犯条约》以及共产国际指示的影响，在思想上一度陷入混乱，对战争的性质出现误判。但随着战争的推进，尤其是在苏德战争发生后，这些党很快转变了认识，全力以赴投身到反对法西斯敌人的行列，并成为各国反法西斯抵抗运动的重要领导和组织力量。欧洲共产党在抵抗运动中的积极作用主要表现在四个方面。

一是领导、倡议和推动建立起反法西斯统一战线。在抵抗运动的发展中,欧洲共产党实行统一战线的策略。在国内结成反法西斯的民族解放阵线,比如1939年建立的捷克斯洛伐克民族阵线,1941年建立的法国民族阵线、希腊民族解放阵线、比利时独立阵线,1942年成立的匈牙利民族独立阵线、保加利亚祖国阵线,等等。这些阵线组织团结了各民族、各左翼党派、各社会团体和各社会阶层的力量,形成了浩浩荡荡的反法西斯民族解放的人民大军。同时,欧洲共产党还努力把爱国主义与国际主义结合起来,利用欧洲地区有利的地理联系和人民的积极支持,在许多地区打破国界进行广泛联系与合作,如巴尔干地区的南斯拉夫、阿尔巴尼亚、希腊和保加利亚,以及阿登山区的法国、比利时和卢森堡协同作战。这些在反法西斯共同斗争中形成的团结力量,成为战胜法西斯的关键因素。

二是建立人民武装,开展游击战争。共产党领导或参与的抵抗运动采取了武装斗争形式。绝大多数欧洲共产党在抵抗运动中都建立了以游击队为核心的武装力量,比如意大利共产党的"加里波第"游击队、希腊共产党创建的全国人民解放军、法国共产党的义勇军游击队、波兰工人党建立的人民近卫军、比利时游击队、南斯拉夫民族解放军等。这些武装力量在共产党和统一战线领导下,开展大规模的游击战,破坏交通设施,或与法西斯占领军进行武装对抗。据不完全统计,到1945年,欧洲各国人民的武装,包括苏联敌后发展起来的人民游击队,超过400万人。这些武装力量有力地配合了盟国与德意法西斯在主战场的作战,牵制了敌人的大量兵力,是反抗法西斯、争取民族解放的一支重要的战斗力量。

三是建立根据地,为反法西斯战争胜利提供坚强的后方保障。在被希特勒占领的欧洲各国,共产党领导下的游击武装建立了大小不等的众多根据地,比如波兰的卢布林根据地,阿尔卑斯山区的法国、意大利、南斯拉夫、阿尔巴尼亚根据地,希腊品都斯山区的希腊人民解放军根据地,马其顿山区的南斯拉夫和保加利亚的根据地,阿登山区的比利时、法国和卢森堡的根据地,等等。各国共产党领导人民在根据地建立民选机构,颁布民主法令,发展合作经济,实行社会改革。同时,各根据地也承担着武装力量募集、集中训练、整编等重要任务。从抵抗运动的整个进程看,这些根据地对于发展经济、保障供给以夺取反法西斯斗争的胜利,发挥了巨大的战略作用。

四是领导人民开展其他各种形式的反占领斗争。比如,在敌占区进行宣传鼓动、收集情报、出版刊物、散发传单、怠工罢工以及搞各种破坏活动。在德意侵略国内部,共产党领导的地下抵抗运动也广泛开展了反法西斯动员、示威游行、罢工等活动。这些隐蔽战线上的英勇行动,为争取群众支持以取得斗争的最后胜利奠定了重要基础。

欧洲共产党是欧洲抵抗运动的重要力量。南斯拉夫共产党领导人铁托曾经这样评价南共在反法西斯斗争中的巨大贡献,"在那时候,在被占领下的欧洲,我们是战斗的成员之一,是我们的 52 个师,80 万武装战士,用鲜血赢得了这场战争的胜利"。① 在反法西斯斗争中,正是各国共产党人浴血奋战,抗击外来侵略,用千万人的热血和生

---

① 〔南〕铁托:《我们不允许任何人贬低我们在解放战争中的作用》,转引自文暖根《反法西斯抵抗运动在第二次世界大战中的战略地位》,《西北大学学报》(哲学社会科学版)1985 年第 3 期。

命捍卫了国家主权和民族尊严。然而,对于欧洲共产党在反法西斯抵抗运动中的重要作用,一些资产阶级学者和政治家从狭隘的政治立场出发,罔顾历史事实,或者将其排斥在欧洲抵抗运动之外,或者极尽贬低歪曲之能事。实际上,在冷战时期两个阵营对峙的大背景下,共产主义政党在欧洲尤其是西欧地区一直是被孤立、敌视和受攻击的对象。苏东剧变后,在世界社会主义运动处于低潮的条件下,欧洲各国共产党的生存环境变得更加艰难。近年来,在欧洲一些国家,诋毁、限制或取缔共产党的事件时有发生,一些西方政要甚至公开地将共产主义与法西斯主义相提并论。这种反共倾向与其对二战中欧洲共产党历史作用的"虚无"具有类似的特点和性质。在纪念世界反法西斯战争胜利 70 周年之际,我们有必要重述历史、还原真相,将欧洲各国共产党在反法西斯战争中的重要作用如实地记载下来。从这一目的出发,本书尝试真实地再现欧洲地区共产党反法西斯斗争的整个历程。通过对法国、意大利、西班牙、南斯拉夫这四个具有代表性国家的共产党在这段特殊时期的斗争过程进行全方位描述,力图较为全面地展现欧洲共产党在不同国家、不同斗争环境下或英勇抗击法西斯入侵,或奋起反抗本国纳粹统治的历史,总结并评价欧洲共产党的历史作用,以及其对世界反法西斯斗争胜利做出的杰出贡献。

岁月荏苒,第二次世界大战的滚滚硝烟早已飘然逝去,但这场惨烈战争造成的痛苦、创伤和破坏,以及其带来的胜利与辉煌至今仍然是人们不能忘却的记忆。经历了战争的苦难与牺牲,世界和平显得弥足珍贵。2015 年9 月3 日,在纪念抗日战争暨世界反法西斯战争胜利 70周年庆祝大会上,中国国家主席习近平反复强调和平来之不易,并宣布中国将裁军 30 万,展示了中国人民致力于走和平发展道路的坚定决心,同时也表达了世界人民珍视正义与和平的共同心声。[1] 这同样也是我们在这个特殊的纪念日里撰写这本小书以回顾过去、警示未来的初衷。

---

① 《抗战胜利 70 周年纪念大会 习近平发表重要讲话(全文)》,人民网,2015 年 9 月 3 日,http://politics.people.com.cn/n/2015/0903/c1001 - 27543265.html。

二 法国共产党与反法西斯抵抗运动

作为第二次世界大战期间欧洲反法西斯抵抗运动的重要组成部分,法国人民的抵抗运动为抗击纳粹德国对法国的占领,摧毁维希政权的反动统治,以及实现民族解放和反法西斯斗争的胜利做出了不可磨灭的贡献。法国共产党是法国反法西斯抵抗运动的主要推动者和领导力量。尽管在二战初期,由于对战争的性质判断失误,法共曾采取了一些消极的战略措施,但从整个历史进程看,法共无疑在反法西斯斗争中发挥了重大作用。尤其是在苏德战争爆发后,法共全面投入抵抗运动,积极推动并促成国内外反法西斯力量的联合以及统一战线的建立,组织开展武装斗争和各种形式的反侵略斗争,为反法西斯奴役和民族解放事业做出了巨大牺牲,其功绩永载史册。

(一)二战前法国共产党的反法西斯斗争

1918 年后,欧洲并未因第一次世界大战的结束而归于平静,依然处于动荡不安之中。一方面,以苏联为代表的社会主义新国家发展起来,另一方面,在德国、匈牙利等国的革命运动遭到镇压之后,保守主义、民族主义等右翼势力尤其是极端法西斯主义在欧洲各国迅速膨胀,占有政治主导权,对左翼和社会主义力量进行攻讦和压制。因此,史学家斯塔夫里阿诺斯将这一时期称为"革命势力与反革命势力之间进行斗争"的时期。①

这两种力量间的斗争在法国有淋漓尽致的体现。虽然法国的法西斯主义运动并没有像德国和意大利那样发展到法西斯专政的地步,但在两次世界大战之间,法国也先后出现了大量军事化的法西斯组织,如"爱国青年""束棒""爱国者联盟""排长及战士联盟""法兰西主义""火十字团"等。这些右翼组织敌视和攻击共产主义,宣扬民族主义,主张"建立在一个领袖统治下的超政党、超阶级的全国专政",与德意法西斯遥相呼应,在国内频繁煽动群众示威,寻衅制造骚乱和策划武装政变,不仅对共产主义运动和革命工人运动,甚至对资产阶级民主本身都构成了巨大挑战。

---

① 〔美〕斯塔夫里阿诺斯:《全球通史》,吴象婴、梁赤民译,上海社会科学院出版社,1999,第653页。

面对日益严峻的法西斯主义的威胁,法共早在 20 世纪 20 年代就积极投身反法西斯的宣传和斗争中。1932 年,法共在全国大选中旗帜鲜明地提出了"反抗法西斯主义"口号,并参加了要求在荷兰阿姆斯特丹召开反法西斯和战争大会的运动。1934 年 1 月,财政丑闻斯塔维斯基事件曝光,因执政的左翼联盟政府中有成员受到牵连,2 月 6 日,法国各右翼团体约 2 万人借此走上巴黎街头企图发动政变,法共及时将人民群众组织和联合起来,挫败了法西斯势力武装夺取政权的阴谋。

　　法共在联合法国各政治力量共同进行反法西斯斗争道路上迈出的重要一步,是推动建立反法西斯人民阵线。实际上,在组织反法西斯斗争的过程中,法共很早就已在考虑将各派别和团体组织起来共同行动的问题。但是受共产国际指示的影响,甚至直到 1934 年初,法共对社会党、激进党等改良或捍卫资本主义私有制的左右翼政党,一直采取一种批评和指责态度。面对法西斯势力猖獗以及帝国主义战争威胁的逼近,共产国际逐渐认识到建立统一战线的必要性,并以之指导各国实践。1934 年 5 月,共产国际领导人季米特洛夫在莫斯科会见了法共领袖多列士,充分肯定了法共此前在统一战线上的创见,明确指出,"共产党工人和社会党工人之间的隔阂应当打破,凡是能实现这一目标的任何方法都是正确的"。① 随后,法共很快纠正了在统一战线上的宗派主义错误,采取了一系列行动寻求与持不同政治信仰的政党合作,尝试将其聚合起来建立反法西斯的强大屏障。1935 年 7 月 14 日,在攻占巴士底狱纪念日当天,在共产党议会党团的倡议下,包括共产党、激进党、激进社会党、社会党等在内的 69 个左派政党和团体举行会议,成立人民阵线,呼吁"团结一致保卫民主制度,解除骚乱集团的武装并解散他们,使我们的自由原则不受法西斯主义的侵害"。1936 年 1 月通过的《人民阵线纲领》,更为明确地提出了保卫自由、和平与反对法西斯主义的具体措施,比如捍卫和扩大自由、军事工业国有化、惩治军火商等。这些措施反映了工人、农民和城市小资产阶级的迫切要求,得到广大群众的热烈拥护。1936 年国民议会选举中,人民阵线取得重大胜利,并组成了由社会党和激进党联合

① 侯玉兰:《法国左翼联盟的兴衰》,中央编译出版社,1995,第 11 页。

执政的人民阵线政府,粉碎了法国右翼势力建立法西斯专政的图谋。

(二)法国抵抗运动兴起与战争初期法国共产党的策略失误

1939 年 9 月,法国虽然迫于德国侵入波兰的压力而对德宣战,但实际上宣而不战,企图将德国引向东方以进攻苏联。在这场"奇怪战争"持续了 8 个月之后,1940 年 5 月 10 日,德军在西线发动了猛烈进攻。由于贝当－魏刚政府推行失败主义的投降路线,拥有 300 万军队、号称欧洲第一陆军强国的法国很快败下阵来,在短短 6 个星期内就宣布投降,法国北部沦为德国占领区,而南部则由希特勒的傀儡政权——贝当(维希)政府所控制。法国沦陷后,成千上万法国人背井离乡、四处逃亡,受尽亡国灭族的苦难。不甘心做亡国奴的法国人民同仇敌忾,救亡图存,掀起了不可阻挡的民族抵抗洪流。

法国的抵抗运动由国外和国内两部分力量组成。国外抵抗运动的核心,是戴高乐领导的"自由法国"组织。在战争之初担任国防部副部长的戴高乐,是坚定的主战派,力主抗德,反对投降求和。1940 年 6 月 17 日,在法国投降派即将宣布投降之际,戴高乐飞赴伦敦,于18日下午6时通过英国广播公司发表了《告法国人民书》,表达了抵抗到底的决心。6月22日,戴高乐建立了"自由法国委员会",7月末组建了一支7000人的武装部队,在法国首次打出了争取民族独立、进行民族抵抗的旗帜。

在"自由法国"兴起的同时,法国国内的抵抗运动也蓬勃发展起来。国内的抵抗运动经历了从自发到自觉、从分散的单个行动到组织化行动的过程。起初只是一些爱国者针对德国法西斯侵略进行零星而直接的反抗,但很快法国就开始出现一些区域性的抵抗组织。这些抵抗组织往往以其出版的报刊而命名。在抵抗运动发展的初期(约从1940年冬至1941年冬),北部地区主要有"保卫法国""解放""抵抗""解放北方""军民组织"等,南部地区主要有"解放南方""战斗""自由射手"等。这些组织往往成员复杂,规模较小,大多只有十几或几十人,主要斗争方式是散发传单、出版地下报刊、收集情报,或者发动一些突袭破坏活动,等等。

在抵抗运动初期,曾经作为反法西斯主要力量的法共,却一度在战争性质问题上陷入认识误区。事实上,直到战争爆发前一年,法共依然坚定站在反法西斯立场上。针对英法德意等国出卖捷克斯洛伐克的《慕尼黑协定》,法共曾在不同场合发出强烈谴责和严正抗议。即便在1939 年 9 月波兰战争爆发前夕,法共仍然宣称,"如果希特勒胆敢不顾一切发动战争的话,他应该清楚,他将会遭到有共产党人站在最前列,保卫国家安全与独立的法国人民的反击"。① 法共《人道报》的醒目标题是"法国民族同盟反对希特勒侵略者"。9 月 20 日前后,将东北欧划入苏联和德国势力范围的《苏德互不侵犯条约》得到全面实施,共产国际随即向各国共产党发出指示,要求其将"反法西斯战争"路线变更为"反帝国主义战争"路线。法共遵从共产国际的指示,放弃了此前反对希特勒侵略的立场,转而宣称战争不是反法西斯主义而是帝国主义性质,主张"既不要德国兵也不要英国兵",指责戴高乐希望通过帮助英国反对德国来杀死法国人。其秘密报刊《士兵人道报》公开呼吁前线士兵结束这场战争,同德国士兵联

---

① 过亦林:《论反法西斯抵抗运动中的法国共产党》,《军事历史研究》1995 年第 2 期。

欢。甚至在法国投降后,法共仍然宣称其主要任务是继续推行欧洲和平政策,迫使政府接受和平。

英国马克思主义历史学家霍布斯鲍姆在谈到这一阶段的历史时这样写道:"1939 年 9 月英法共产党人表现出某种英雄气概。民族主义、政治算计,甚至共识都具有吸引力,但他们却首先毫不犹豫地选择以国际共产主义运动的利益为重。事实证明,他们的选择是悲剧性的错误。"①的确,法共的这一策略失误在党内制造了思想混乱,引发了党的分裂,造成大批党的地方议员和普通党员因不满中央路线而脱党。同时,这也为反动政府镇压共产党人找到了借口,法共被取缔,财产被没收,大量共产党人被捕入狱。至 1940 年 3 月前,已有 300 个共产党市议会被封闭,2778 名共产党议员被撤销了代表权,675 个具有共产主义倾向的政治集团被解散,3400 名共产党员被捕。这不仅使党自身陷入极大的困境当中,也极大影响了战争初期反法西斯斗争的发展,成为法国抵抗运动

① 〔英〕唐纳德·萨松:《欧洲社会主义百年史》(上),姜辉等译,社会科学文献出版社,2008,第 103 页。

在这一时期难以发挥规模效应的重要制约因素。

需要指出的是,虽然法共中央出现了重大的策略失误,法共党内仍然有不少有识之士从战争伊始就反对这一错误立场。法共大量基层党员和基层党组织,在德国占领法国后不久,就采取了与中央不同的方针、政策,积极投身到反法西斯抵抗运动中。其中,数千名复员归家的法共党员组织起来,从事反法西斯宣传活动。而被逮捕的党员也越来越多地越狱,重新开展斗争。一些基层组织还暗中进行破坏活动,夺取占领者征收的粮食,储藏和收集武器以准备战斗。一大批有学识的党员和支持者也行动起来开展抵抗活动,比如让克·索洛蒙、乔治·波利等出版了《自由大学》等地下刊物,鼓励法国人民同法西斯做斗争。地方党组织和党员的这些行动,再加上法西斯侵略的步步深入,纳粹占领者和维希政府残酷迫害共产党人的活动越来越频繁,促使法共对自己的观点主张进行反思,在战略措施上做出调整。1940 年 11 月,德国吞并阿尔萨斯后,法共中央领导人大都转到同德国法西斯进行斗争的立场上来。1941 年 5 月 15 日,法共提出了组建"民族阵线"的口号,第一次明确呼吁为民族解放和法国的独立而斗争。这标志着法共的相关认识发生了重大转变,在有组织地、公开反抗法西斯侵略的道路上迈出了重要一步。

(三)法共战略转向与反法西斯统一战线建立

1941年6月22日,以德国法西斯撕毁《苏德互不侵犯条约》并向苏联发动全线进攻为标志,二战进入了一个新的发展阶段。为了给进攻苏联的军队提供充足给养,德国在法国加紧了对物资和人力的掠夺,而卖国求荣的维希政府进一步采取了与德国"合作"的政策,大肆逮捕和镇压从事抵抗活动的爱国志士。同时,由于苏联卫国战争爆发,共产国际迅速改变了政策路线,发表致各国共产党呼吁书,对战争性质重新定位,号召被占领国的共产党人要不分阶级成分和政治信仰,团结一切爱国力量,建立民族阵线,开展反法西斯斗争。

国际形势和共产国际路线的改变,推动法共领导层彻底抛弃了原先的立场和主张,全力以赴参与到反法西斯抵抗运动中。武装斗争成为这一时期法共抗击德国法西斯的主要斗争方式。苏德战争爆发后,法共在全国各地积极组建游击队,建立了许多游击小组,如"青年战斗营""国际工人运动""特别工作队"等。1942 年 2 月,法共将这些不同的战斗组织合并而成立了法兰西义勇军游击队。义勇军游击队设立了全国军事委员会,其重要领导人都是久经考验的老战士,曾经参加过国际纵队的夏尔·狄戎担任游击队总司令。义勇军游击队拥有严密的组织,其基层单位是战斗组,战斗组又分为两个小组,每组三人,分别承担攻击和支援任务,三至四个战斗组结成一个分队。这种精巧的组织方式使得游击队行动快速、灵活,能够有效打击敌人。同时,游击队还拥有自己的游击区、后勤组织、印刷厂和医疗机构。义勇军游击队遂成为法国抵抗运动中最重要的武装队伍,甚至被视为唯一能够成功地与德国人作战的地下武装组织。

义勇军游击队成立后,军事行动遍及全国各地。其开展了大量破坏敌军交通设施的活动,仅在 1943 年 1 ~ 3 月,游击队就在铁路上发起了 1500 次军事行动,包括制造了 158 次严重的列车出轨事件,摧毁或损坏 180 辆火车头和 1200 多节军队车厢,炸毁 3 座桥梁,损坏 8 个闸门,沉没 14 只驳船。与此同时,法共还击毙德国军官 800 名,袭击德军的纵队和分队 19 次,袭击法西斯的娱乐场所57次。这些武装斗争沉重打击了法西斯侵略者,鼓舞了法国人民的斗志,提高了民众战胜法西斯的信心。

除此之外,法共广泛开展了反对德国侵略者掠夺的行动,号召法国人民团结起来,不让法国的工厂为希特勒生产,不让法国的铁路给希特勒运输给养,阻止希特勒抢走法国的粮食。比如,1942年春,针对法西斯占领当局提出的法国供应粮食增加一倍,以及提供大量货车车皮、铁轨和机车等恶劣要求,法共通过散发传单等,开展了许多破坏活动,致使德军的计划根本无法实现。法共还通过建立宣传机构、创办地下刊物等,深入群众中开展宣传鼓动工作。比如,在民众中拥有重要影响的法共机关报《人道报》,在占领区坚持每周至少出版一期,到1944年时,总共发行了316期和1530万份。此外,法共主办的一些妇女、青年和工会刊物在群众中也有一定影响力。这些报刊有力地揭露了法西斯的侵略行径,传播了党的思想和主张,对吸引民众参与到斗争行列中,以及推动反法西斯战争进一步展开起到了促进作用。

同一时期,法国国内其他抵抗力量也在英勇地抗击法西斯侵略。具有代表性的是"马基"游击队(科西嘉语,意为丛林)。"马基"游击队主要是由为躲避德国强征劳工而逃到深山和农村的一些法国青年组成的抵抗组织。他们最初只是采取一些零星的抵抗行动,后来由于德国占领者和维希反动当局加紧强征劳工,"马基"的人数越来越多,规模也越来越大。比如,到1943年6月时,在汝拉山区就有3000人,在上萨瓦省有1200多人。但整体上看,无论"马基"还是其他抵抗力量,基本上处于各自为战状态,相互之间缺乏联系,如同一盘散沙,难以有更大作为。

面对这一状况,法共将建立民族统一战线的工作提上了议事日程。在亲身投入反法西斯斗争的同时,法共致力于将法国所有抵抗组织和一切反法西斯力量联合起来共同抗敌。早在1941年5月15日,法共就发表了建立民族解放阵线的宣言,声称支持任何一个法国政府、任何一个组织和任何个人——只要其为了反对法国所遭受的民族压迫,为了反对为侵略者服务的卖国贼而真诚地进行斗争。1941年7月,在法共倡导下,民族阵线组织委员会成立,其发表宣言,呼吁"一切不愧为法国人的人们,应该站在苏联、英国和一切反希特勒人的一边,为争取祖国的解放而斗争"。随后,民族阵线组织委员会在各地区和各行业设立了大量地区性或职业性的阵线组织,如学生民族阵线委员会、青年民族阵线委员会、农民民族阵线委员会等。包括工人、农民、教师、手工业者在内的大批基层民众踊跃加入其中,法共领导下的民族阵线很快成为法国境内极具影响力的抵抗组织。

法共在反法西斯斗争中的突出表现,尤其是民族阵线对法西斯有效而猛烈的进攻,赢得了各抵抗组织的尊重。从民族阵线所起的重大作用上,法国国内各抵抗组织愈益认识到加强联合斗争的必要性和重要性。在这种形势下,法共积极主动地与各抵抗组织接触,提出联合行动的建议。1942 年 10 月 16 日,民族阵线与"战斗""解放南方""自由射手"等南方三大抵抗力量共同采取行动,反对纳粹强征劳工并取得胜利。同时,法共的工会也积极寻求同法国总工会联合起来。1943 年 4 月 17 日,两个工会的代表签订了《佩勒协议》,宣布工会重新统一,并在随后成功举行示威活动。这些联合斗争,为反法西斯统一战线的建立打下了重要基础。

国内抵抗运动联合趋势的加强及其斗争成就,也推动法共更多地开始考虑将国内外运动统一起来的可能性。在这一过程中,法共从反法西斯斗争大局出发,超越意识形态差异,停止了对戴高乐的批评和指责,积极同"战斗法国"(1942年夏,"自由法国"更为此名)沟通和交换意见,最终在1942年11月25日同戴高乐就共同行动达成协议。此后,法共派出议员费·格列尼埃作为驻法兰西民族解放委员会的代表。1943年2月,法共进一步提出"联合起来! 武装起来! 进行战斗!"的口号,表达了法共促进双方合作的决心。

　　在法共的积极推动下,法国的国内外抵抗力量摒弃政治立场的差异,最终实现合作。1943年5月27日,由共产党、社会党、激进党、民族阵线、"自由射手"等16个政党、团体和工会参加的全国抵抗运动委员会在法国里昂成立。出于反法西斯斗争的需要,法共同意由戴高乐的代表让·穆兰担任委员会第一任主席,从而承认了戴高乐作为抵抗运动的核心的地位。1944年2月1日,全国抵抗运动委员会通过了组建"法国国内武装部队"的决议。国内武装部队的主要组成部分,是法共领导的义勇军游击队(至 1944 年 6 月,拥有 50 万人的国内武装部队中,义勇军游击队占了半数)。委员会和武装部队的成立,标志着法国实现了全民族抵抗力量的大联合,反法西斯统一战线终于建立起来。尽管在此后发展过程中,戴高乐为争夺统一战线领导权而排挤、非难共产党人的事件时有发生,但法共本着顾全大局、有理有节的原则,既努力捍卫了统一阵线的完整存在,也为维护自己的正当权利而进行了坚决斗争,从而为赢得随后到来的民族解放战争的胜利打下了坚实基础。

(四)民族解放战争中的法国共产党

1944 年,国际国内形势瞬息万变。从国际上看,苏联红军已经解放了全部苏联领土,反法西斯同盟战略反攻的脚步加速推进。而墨索里尼已经在 1943 年 7 月倒台,意大利正式宣布退出法西斯同盟并对德作战,德意轴心国集团瓦解,在欧洲单兵作战的德国法西斯愈益显出颓势。从国内看,维希反动政府不甘失败,负隅顽抗,加大了白色恐怖统治力度,大肆镇压和屠杀反法西斯抵抗运动组织,造成民众的反抗情绪愈加激烈。在这种国际国内形势下,发动民族大起义的条件已经成熟。在民族解放的号角即将吹响之际,法共在政治和军事上为大起义的爆发做了充分的准备工作。

在法共的推动下,1944年3月5日,全国抵抗运动委员会通过了《共同纲领》。《共同纲领》主要有两个方面的内容:一是否定了等待主义,呼吁立即开展武装斗争,采取军事行动与群众的抵抗如罢工、示威等相结合的方式,积极行动起来,实现自我解放;二是规定了解放战争胜利后法国准备采取的各项政策,比如恢复普选制,实现人民广泛的民主自由,保证劳动者在国家政治生活中的地位,实现生产资料国有化,清除经济领域中的财政和经济寡头,改善社会保障以及开展所有公民都能受教育和参加的文化活动,等等。《共同纲领》还规定民族起义应该在民族解放委员会领导下,由全国抵抗运动委员会指导等。《共同纲领》的通过,明确了认识,统一了思想,成为随后解放战争顺利推进的行动指南。与此同时,法共进一步加强了武装斗争,不仅开展了大量破坏敌军辎重和交通运输设施的小规模行动,将全国铁路网牢牢控制在游击队手中,还进行了一系列消灭希特勒德军武装的大规模战役,大大鼓舞了士气,使民众坚定了抗战到底的信心。

1944年6月6日,盟军代号为"霸王行动"的反攻战役在欧洲西线打响。英美盟军横渡英吉利海峡,在法国北部诺曼底登陆。法共领导下的游击队与广大法国民众一道,破坏德军的交通运输和通信联络,阻止敌人的援军从内地调到前线,极大地牵制了敌人兵力,配合了盟军的作战行动,为盟军取得诺曼底战役的胜利并在西欧大陆迅速扩大战果影响起到了巨大作用。

对法国来说,诺曼底登陆也成为发动民族起义的信号。在盟军登陆当天,法共立即发表声明,号召广大党员全力投入到解放法国的战斗中去。法共中央发表《告人民书》,呼吁法国人民行动起来,不论社会出身和政治观点如何,"与盟国一起参加反对共同敌人的伟大斗争,使法国恢复自由、独立和尊严的不可剥夺的权利"。法共《人道报》在6月的社论中也大声呼吁:"公民们!拿起武器,这是最后的、坚决的斗争!"

以义勇军游击队为核心的国内武装部队响应法共号召,积极配合盟军作战,英勇地投入到民族解放斗争中。从作战进程看,由于游击队的力量分布不均衡,各地战况也存在明显差别。在一些地区,游击队配合盟军与敌人展开激烈战斗。比如,在北海岸省,游击队仅在7月就进行了200次破坏活动,50次伏击,攻击敌人岗哨30次,俘虏了大批敌军,并解放了沿海多个城市。在东南部,8月15日盟军登陆后,在游击队紧密配合下,比预计时间提前多天解放了土伦、马赛、里昂等许多城市。在另外一些地区,比如西南部,游击队力量本身就较为强大,因而凭借自己的力量就解放了利摩日、普瓦提埃等城市。国内武装部队给盟军提供了极大支援,以至于盟军总司令艾森豪威尔也不得不承认,如果没有这支力量的援助,法国解放以及德军在西欧的失败就会延长,而盟军的损失也将更为惨重。

从整个民族解放战争进程来看,巴黎武装起义的胜利具有重要意义。因为随着盟军和国内武装部队的步步紧逼,巴黎几乎成了希特勒的最后一道重要防线。一方面,希特勒在这里布防了1.7万名重兵,甚至下令不惜一切代价守住巴黎,并宣称如果撤退,则要尽可能地毁掉这座历史名城。但另一方面,无论是盟军还是戴高乐,或者因为担心直接进攻巴黎遭遇给养问题,或者唯恐法共领导巴黎起义而掌握战后主动权,都不同程度地试图回避或拖延解放巴黎问题。因此,在巴黎起义的过程中,法共发挥了绝对的主导作用。

实际上,法共在巴黎地区的抵抗运动中一直拥有很大影响力。巴黎解放委员会的 6 名委员一半是共产党人,共产党员托莱是委员会主席,罗尔·唐居伊则是巴黎地区的国内武装部队司令。自盟军诺曼底登陆后,在法共领导下,巴黎人民广泛开展破坏行动,袭击兵站,损坏铁轨,阻碍德军的军事行动。7 月 1 日,巴黎第六区和郊区分别举行了 8 次游行,参加的群众约 2 万名。7 月 14日,巴黎民众冒着被镇压的危险,举行了法国被占领 4 年来的第一次国庆游行,参加人数达 10 多万人。8 月 7 日,盟军突破德国防线向巴黎推进,法共指示国内武装运动最大限度地开展军事行动。10 日,巴黎举行铁路工人总罢工,铁路工人拒绝为德军开火车,并推翻铁轨。14 日,巴黎解放委员会发出了举行总罢工的号令。自 15 日开始,警察、邮政、地铁工人和海员相继罢工。19 日,全国抵抗运动委员会和巴黎解放委员会召开联席会议,正式通过了举行起义的决议,随后发布了《告军队和全体公民书》,号召举行起义。巴黎人民和国内武装部队积极响应,与侵略者展开巷战。到傍晚时,起义者已经控制了巴黎的半数地区。

但正当战斗一路凯歌前行的时候,戴高乐却派代表与德军进行谈判,并签订了休战协定。8月20～21日,全国抵抗运动委员会派代表就休战问题与之进行了激烈争论。在法共的强烈谴责下,休战协定最终被取消,委员会通过了继续进行武装起义的决议,号召巴黎人民武装起来,坚持战斗,夺取胜利。在随后几天里,巴黎民众以势如破竹之势攻克了一个又一个德军据点。到24日盟军进入巴黎时,巴黎人民已经依靠自己的力量解放了绝大部分地区。此后,盟军与起义民众协同作战,消灭了德军残余力量。25日,德军宣布投降,巴黎胜利解放。

巴黎的解放加速了法国全境的解放步伐。自9月16日起,法国军队配合盟军,向德军发动了全面进攻。法国共产党继续站在解放战争的最前线,为完成未竟的事业而斗争,直至战争取得最后胜利。1945年5月9日,法国代表同各大盟国代表一起签署了德国无条件投降协定。英勇的法共和法国人民经过长达4年多的浴血奋战,战胜了德国法西斯,迎来了国家和民族的伟大解放。

在法国开展反法西斯抵抗运动的整个进程中，法共发挥了巨大作用。它从大局出发，团结各方面力量，建立起反法西斯统一战线；广泛开展宣传鼓动工作，出版报纸、杂志，散发传单，动员了大量民众参与到反法西斯斗争中；通过组建法兰西义勇军游击队，积极开展各种形式的游击战争，迫使德国法西斯不得不在法国部署大量兵力，从而极大牵制了德国的军事力量，给其他战场的盟国军队以极大支持。尤为可贵的是，法共组织并领导了1944年民族大起义，并依靠自己的力量解放了首都和大片国土。在整个抵抗运动期间，法共牺牲了7万多名优秀党员，为抵抗运动的最终胜利立下了不朽功勋。

三　意大利共产党与反法西斯抵抗运动

作为冷战期间西方世界最大的共产党,意大利共产党是在与国内外法西斯势力斗争中成长并不断发展起来的。由于意大利是法西斯主义的发源地之一,从诞生的那刻起,意共就遭遇墨索里尼法西斯政权的压制和迫害,长期处于地下活动状态,与法西斯进行斗争的广度和深度受到很大限制。尽管如此,在二战前近 20 年时间里,意共长期不懈地坚持在地下战场上进行着不屈不挠的斗争。二战爆发后,意共积极组织国内外各方面力量,开展反战以及推翻墨索里尼政权的斗争。1943 年希特勒法西斯入侵意大利后,意共又拿起武器,同德国占领者展开了历时两年的英勇战斗,最终驱逐了德国法西斯,实现了国家的解放。与绝大多数欧洲共产党一样,意共为反法西斯战争的胜利做出了巨大的牺牲,在反对法西斯统治以及争取民族独立和解放的战场上演了一幕幕英勇悲壮的活剧。

(一)早期意共的反法西斯活动与地下反抗斗争

意大利虽然是第一次世界大战的战胜国,但战争令其元气大伤。国家负债累累,工业凋敝,对外贸易和旅游业衰落,农村荒芜,数百万复员军人失业,人民生活困苦不堪。有史学家这样描述这一时期的境况,"鲜血和财富的支出似乎已是徒然的,由此导致的失望和受伤的自尊心造成了一种一触即发的局面"。①

这种严重的经济混乱局面,使意大利极度不稳定的政权结构摇摇欲坠,直接产生了两个重要政治后果。一方面是出现了高涨的革命形势。1919~1920年,北部工业城市数十万工人奋起罢工,夺取工厂,并建立工厂委员会和赤卫队以组织企业的生产活动,捍卫自身权益。南方的农民则开展了夺取地主土地的运动。但当时掌握着社会党领导权的改良派领导人崇尚"革命不是靠人发动的,革命是自己到来的",并在斗争的关键时刻满足于企业主的微小让步而与其达成协议,从而葬送了轰轰烈烈

① 〔美〕斯塔夫里阿诺斯:《全球通史》,吴象婴、梁赤民译,上海社会科学院出版社,1999,第665页。

的革命运动。因此,在 1921 年初里窝那举行的社会党第17 次代表大会上,波尔迪加等共产主义派领导人及其支持者脱党,于 1 月 21 日组建了意大利共产党。另一方面,严重的政治经济危机也为法西斯主义运动的产生和发展提供了条件。1919 年,墨索里尼领导建立了世界上第一个法西斯政党——战斗法西斯。它提出了蛊惑人心的沙文主义口号,在自由君主制国家机器的支持下,欺世惑众,网罗力量,发起挑衅行动,袭击工人,尤其通过迫害、暗杀等手段打击左派和新生的共产主义力量。

面对法西斯分子的进攻,除了分散的、防御性的反击行动外,意大利左派最初并没有采取一些针对性行动,主要原因是对法西斯主义这一新生事物的性质未能做出及时、准确的判断。社会党党内各派对法西斯的出现态度不一,但大都并不重视。在意共党内,尽管葛兰西、陶里亚蒂等领导人对法西斯主义表现出较为清醒的认识,但主流观点却是:暴力的频繁发生是资本主义社会分崩离析的一种表现,是资产阶级专政的必然结果,故而不应该过高估计法西斯兴起的意义。显然,这是对法西斯主义性质的明显误读,再加上左派内部因政治观点的差异和选举竞争而矛盾重重,故而根本无法领导工人阶级进行积极防御。

1922 年 10 月,墨索里尼发动"进军罗马"的政变,攫取了国家政权。上台后的墨索里尼立即在国内实行恐怖统治,修改选举法,操纵议会选举,意共、社会党等左派政党成为其主要攻击对象。1924 年 6 月 10 日,社会党议员马特奥蒂被法西斯分子绑架并杀害,全国性反法西斯浪潮兴起。1926 年,墨索里尼强制解散了意共、社会党等一切反法西斯性质的政治团体、政党和组织,在全国建立了所谓"总体"制的法西斯独裁统治,并设立了特别法院,将包括葛兰西在内的大多数共产党人和仍然在意大利活动的反法西斯领导人投入监狱或置于警察的监管之下。意共遭遇严重的政治和组织危机。

在白色恐怖盛行的极端困难条件下,意共积极与法西斯势力周旋。为适应转入地下斗争的形势,意共首先采取了一系列组织措施,比如部署联络网、技术据点和非法住所等以保证党的中级组织完整存在,因而成为当时意大利各政党组织中唯一成立了地下组织,且拥有一批已转入地下的领导骨干的党。面对法西斯的残酷迫害,意共表现出大无畏的斗争精神。在多数左派政党将领导中心移往国外而放弃了国内活动的时候,意共提出了"一切照旧"的口号,并于1926年秋和1927年冬开展了轰轰烈烈的宣传运动,刷写标语,散发《团结报》以及其他各类地下刊物,其中甚至还包括一份地下儿童报纸《无产阶级少年》,以一种积极的姿态向群众证明了党并没有被摧垮,它仍巍然屹立,继续进行着斗争。在被宣布为非法直至二战爆发的漫长岁月里,意共在国内只有5000~7000名党员。但就是凭借着这支势单力薄的队伍,意共进行宣传鼓动,组织工人罢工和示威游行,组织农民斗争——比如,1930年4月为了抗议对葡萄酒征收新税,马尔蒂纳-弗朗卡一地的农民放火焚烧了税务所——在法西斯工会中开展秘密工作,甚至在街头以勇猛的武装对抗来反对纳粹冲锋队,在反法西斯地下斗争中发挥了重要作用。

早在法西斯政权建立之初,为了推进工人运动和反法西斯运动的发展,意共已经在考虑建立反法西斯统一战线的问题。1923年,意共早期领导人葛兰西就围绕共产党的领导作用开展了卓有成效的思想建设和澄清工作。他指出,党能够发挥革命作用,是因为共产党人能够深入分析意大利革命的问题并不断研究国家的现实情况，而不是因为共产党人与工人运动相脱离。因此，共产党不能人为地保持自己的纯洁和孤立、游离于群众运动之外，而应当成为一种辩证统一过程的象征，把群众运动的自发性与中央的自觉领导结合起来。这实际上提出了在工人和农民之间组建一个能够进行反法西斯斗争的、以工人阶级为主导的联盟问题。但是，在如何建立反法西斯统一战线，尤其是如何发展与社会党的关系问题上，意共党内一直存在着不同意见。从早期波尔迪加拒绝与社会党合并的"关门主义"，到围绕陶里亚蒂尝试将党的工作重心转向国内以及加强与其他政治组织联系的"转折"斗争的冲突，等等，两党的联合斗争在实践中一直因矛盾重重而难以实现。直到1934年初，意共领导人隆哥与社会党领导人南尼才进行了初步接触，共同发出了联合行动的呼吁。1935年7月，在世界人民面临法西斯严重威胁的情况下，共产国际在莫斯科举行了具有历史意义的第七次代表大会。大会向各国共产党提出了建立反法西斯统一战线的任务和要求。为此，意共围绕将所有反法西斯力量联合起来的"和解"路线进行了深入的党内讨论,并在 1936 年 9 月通过了《意大利人民要实现和解和行动起来,争取维护面包、和平和自由》的决议。这些努力尽管因主客观条件限制未能达成目的,但为战争爆发后反法西斯统一战线的最终建立打下了坚实基础。

(二)二战爆发后意共的反法西斯斗争

1939 年 9 月 1 日,德国进攻波兰,第二次世界大战打响。大战之初,由于自 1935 年开始,墨索里尼疯狂发动了侵略埃塞俄比亚、武装干涉西班牙以及入侵阿尔巴尼亚等一系列战争,耗尽了意大利本就空虚的国库储备,意大利国内局势极其紧张。同时,法西斯集团内部不少人士担心参战并不能给意大利带来好处故不愿冒险。另外英美采取了不进攻意大利的政策,因此在战争爆发初期,墨索里尼被迫宣布意大利为"非交战国"。然而,法西斯主义的侵略本性决定了其不可能在巨大的利益诱惑面前裹足不前。在与希特勒达成向意大利提供经济援助的协议后,墨索里尼迫不及待地投入战争。1940 年 6 月 10日,意大利对英法开战,随后,又出兵东非、北非,占领了大片领土,在欧洲大陆,则进攻希腊、南斯拉夫。1941 年苏德战争发生后,"征俄战团"还参加了高加索一带的对苏作战行动。

二战爆发后,意共连续通过了一系列文件以表达在战争问题上的立场。与多数欧洲共产党一样,受共产国际指示的影响,这一时期的意共对战争性质的判断存在误区。比如,在1939年10月10日的文件中,意共就否认了法国和英国所进行的战争的民主性,指出如果墨索里尼违背意大利人民的和平愿望而决定参战,那么意共将号召意大利人民"为争取使法西斯政府在战争中遭到挫败、变帝国主义战争为国内战争而斗争"。在1941年名为《意大利与战争》的文件中,意共强调"法英两国帝国主义强盗试图把意大利拖入战争,并在德国失败的那些地方得逞"。直到1941年5月30日,意共仍然认为意大利对英国的战争"是一场帝国主义强盗之间为谋求世界霸权、瓜分殖民地和全世界财富而进行的战争"①。苏德战争的爆发,以及共产国际路线的改变,促使

---

① 〔意〕乔治·阿门多拉:《意大利共产党历史:1921—1943年》,黄文捷等译,人民出版社,1992,第501页。

意共的认识发生变化,工作重点从呼吁和平逐渐转到联合各方力量反法西斯斗争上来。1941年6月,意共国外中心通过了一份名为《争取苏联的胜利,争取把意大利从希特勒的桎梏中解放出来》的文件,提出了加强团结的斗争目标,呼吁意大利人民应当在最崇高的团结旗帜下开展争取和平的斗争,而团结对象应当包括所有那些不同程度上遭到法西斯战争政策伤害,决心消灭意大利法西斯集团的人们。

流亡国外的意共人士首先积极行动起来进行反法西斯斗争。法国沦陷后,流亡法国的不少意大利人或被逮捕,或逃亡国外。继续留在法国的共产党人寻求与社会党人建立联合阵线以开展反法西斯活动,向民众和政府呼吁不要将意大利人民与压迫人民的法西斯政权混为一谈。在苏联,陶里亚蒂等领导人集中力量筹备莫斯科电台意大利语广播和新的米兰自由电台的秘密播音工作。陶里亚蒂在莫斯科电台化名马里奥·科伦蒂,每周三次直接向国内发表讲话,抨击墨索里尼,号召意大利人民团结斗争共同抵抗法西斯,实现国家和平、自由和独立。随着战争的推进以及考虑到国内反法西斯斗争的需要,意共的工作重心逐渐转向国内。1941 年 8月,意共国外中心令马索拉从斯洛文尼亚秘密回国,在米兰和都灵建立了工作基地。10 月,他组织出版了《斯巴达克的呼声》,刊登党的号召和文件、苏联领导人的讲话以及意大利国内外情况等,在民众中被广泛传阅。从1942 年 7 月开始,意共还定期出版地下刊物《团结报》,宣传党的政策和主张。

除了开展宣传鼓动工作外,1942～1943 年,随着国内反战罢工斗争浪潮的兴起,意共积极投入到组织领导罢工斗争中。尤其是 1943 年 3 月 5 日,在被誉为"轴心国的欧洲第一次出现的第一场矛头直指它的统治者的强大的工人示威运动"的都灵罢工斗争中,意共党支部通过在工人中开展广泛的宣传和鼓动工作,推动了罢工的顺利开展,并使斗争很快蔓延至意大利整个北部地区。在这场斗争中,意共发挥了决定性作用。正如意共领导人阿门多拉所言,"哪里党的组织比较坚强,哪里的党组织与党的中心保持直接联系,有党的领导人亲自参与,哪里的罢工斗争就能胜利;哪里的组织比较薄弱、政治上缺乏必要的坚强的领导,哪里的斗争便不能开展,或者斗争持续时间很短"。① 这场斗争最终以工人的胜利而告终。4月2日,政府被迫答应满足罢工者的经济要求。

在这一阶段,意共的反法西斯统一战线工作也取得了长足进展。1941年10月,散落国外的反法西斯各政党、团体在法国南部举行了一次重要会议,商讨为争取国家独立,实现政治自由而斗争的方针政策,并成立了"意大利统一行动委员会",为联合起来开展反法西斯斗争迈出了重要一步。此后,各反法西斯政党和组织将工作重心转向国内。1942年10月,意共、社会党、行动党等在都灵联合组建了意大利民族阵线委员会,各地方委员会随后也相继成立,标志着意大利各党反法西斯合作斗争进一步加强。

(三)1943～1944年意共的反占领抵抗斗争

1943年是世界反法西斯战争的转折之年。7月25日,英美盟军在西西里登陆。意大利法西斯军队迅速崩溃,人民群众和广大士兵反战情绪高涨。随后意大利发

---

① 〔意〕乔治·阿门多拉:《意大利共产党历史:1921—1943年》,黄文捷等译,人民出版社,1992,第505页。

生宫廷政变,法西斯头目墨索里尼被迫下台,法西斯党和法西斯工会被取缔,意军总参谋长、保皇党人巴多里奥上台组建政府。9月9日,巴多里奥政府向英美盟国投降。意大利投降后,希特勒唯恐一些地方从此成为进入巴尔干的通道,因此一举出兵占领意大利北部、中部以及首都罗马,并重新扶植墨索里尼建立了傀儡政权,以遏制意大利人民的反法西斯斗争。

面对德国法西斯的军事占领和墨索里尼政权复辟,意大利人民纷纷行动起来,迅速掀起了轰轰烈烈的反占领抵抗运动浪潮。如同多数欧洲国家一样,意大利抵抗运动的形式多种多样,包括工人故意降低生产率、农民拒绝向敌人上交粮食、政府工作人员拒不执行德国命令、秘密帮助反德战士乃至武装游击队等。但意大利的抵抗运动与其他欧洲国家有一个明显不同之处,即它在很大程度上是长期的地下反法西斯斗争的继续,而并非只是针对德国占领而兴起的一场新运动。在近20年的地下斗争中,数以万计的意大利人遭遇政治流放或被逮捕和监禁,约25万人秘密参加了各种形式的反法西斯运动组织,其中地下斗争的绝大多数参与者成为抵抗运动的中坚力量。

　　意大利抵抗德国占领者的斗争从 1943 年夏正式兴起，一直持续到 1945 年 5 月战争结束，历时近两年。在整个抵抗运动过程中，意共发挥了主导作用。其主要原因，按照托因比的说法，一是共产党"在法西斯统治的大部分时期内保存着秘密地下组织，使它在抵抗运动中能够有一个飞跃的起步，而其他的党则完全缺乏经验"；二是"共产党人的勇气和工作效能，在对意大利的解放做出巨大贡献的同时，也为党树立了很高的威信"①。

　　早在抵抗运动兴起之初，意共就坚持不懈地开展统一战线工作，致力于将国内的反法西斯力量团结起来。在意共的积极努力下，1943 年 9 月，德占区反法西斯抵抗运动的多数领导人齐聚罗马和米兰，在民族阵线委员会基础上分别建立了民族解放委员会。参加的政党主要有行动党、天主教民主党、社会党、自由党和共产党。在罗马，还有政治上偏右的劳动民主党。这两个委员会建立

---

① 〔英〕阿诺德·托因比主编《第二次世界大战史大全》(9)，上海译文出版社，1995，第 232 页。

之后,各地区的城市和乡村的民族解放委员会很快组建起来。各委员会的构成并不完全相同,有时仅有3~4个反法西斯政党,有时还包括一些在地方上具有一定影响的小型组织。米兰民族解放委员会逐渐掌握了北部意大利的领导权。博米诺担任主席的罗马民族解放委员会成为整个意大利民族解放委员会的最高领导机构。民族解放委员会与抵抗运动并非同义词,但随着抵抗运动的推进,其影响越来越大,尤其是在德占区,民族解放委员会在政治上几乎等同于国家政权的代表。

在意大利抵抗运动中,武装游击队是重要组成力量。1943年9月后,意大利兴起了多支游击武装力量,而其中绝大多数都是由共产党、行动党等意大利反法西斯政党组织建立的。游击队的基本单位是由约50人组成的小分队,小分队一般分成3~4个班。三个小分队组成一个营,每个营平均有250~600人。三个营组成一个旅,三个旅组成一个师。在民族解放委员会领导下,意大利的武装游击力量迅速发展起来。至1943年底,各游击队已发展到9000人。其中,意共在1943年秋组建的以民族英雄加里波第的名字命名的游击队,后来发展成为各游击队中最强大的一支武装力量。除游击队之外,意共还在北方的城市和农村建立了爱国行动队,袭击敌人的军事目标,破坏军事工厂,散发反法西斯传单,广泛开展消灭纳粹匪徒和法西斯卖国贼的抵抗活动。

1944 年后,意大利抵抗运动进入了全面发展的新阶段。意共全力以赴投入到组织、领导抗击德国占领军的斗争中。继 1943 年秋在都灵等城市通过“工厂运动委员会”连续组织了多次罢工斗争后,1944 年春,意共提出了举行总罢工的任务。3 月 1 日,根据联合工厂运动委员会的指示,米兰、热那亚、都灵、波伦亚等城市同时举行了百万人大罢工。为配合这次罢工,两万多名加里波第游击队员和数百个城市爱国行动队,在城郊袭击法西斯分子,牵制镇压工人罢工的希特勒部队。在有些城市,加里波第游击队员还直接深入工厂,直接帮助工人组织罢工。这场声势浩大的罢工整整历时 8 天,沉重打击了反动力量,产生了巨大社会影响,为全民大起义高潮的到来开辟了道路。

游击队的武装斗争以及工人大罢工的爆发,极大鼓舞了民众的反抗情绪。1944 年春,大批逃避法西斯军队征兵的青年农民纷纷加入游击队,游击队规模迅速扩大。3月以前,山区共有3万名游击队员,而到夏季时,游击队人数已经增加到8万余人。随着实力增强,游击队不断发动更强大的攻势。夏末的斗争牵制了墨索里尼傀儡军5~7个师、德国法西斯占领军7~9个师,有力地配合了盟国在意大利的军事进攻。在游击队的打击下,墨索里尼政权完全瘫痪,德国占领军不得不从前线调回50%的军队来对付游击队。同时,随着游击战争的开展,游击队从法西斯占领军手中解放了广大领土。到1944年秋,意大利中部和北部地区共建立了15个解放区。

游击战争的迅速发展提出了各武装力量在政治和组织上加强团结的必要性。1944年6月,经过多方协商,各党的游击队联合起来,建立了统一的指挥部,命名为自由志愿军团指挥部。总司令是盟国军政府代表卡多纳将军,意共领导人隆哥担任副司令。游击武装力量的统一,为反法西斯战争的顺利推进乃至取得最终胜利提供了军事上的保障。

在领导开展抵抗运动的同时,意共还积极进行政治斡旋,为民族团结政府的建立做出了重要贡献。1944年意大利国内政治局势错综复杂。在意大利领土上,除了英美军队和德国法西斯占领军外,还存在着两个政权:北意的人民政权以及南意的巴多里奥君主政权。在南意,各个党派围绕保持还是废除君主政体问题一直在进行激烈的争论。1944 年 3 月 28 日,寄居苏联多年的意共总书记陶里亚蒂回到意大利。面对这种情况,在 4 月 1 日于那不勒斯召开的意共全国委员会会议上,陶里亚蒂提出应把政体问题放到能召开制宪会议时再谋求解决,要把团结一切政治派别并参加对德战争放在第一位,当务之急是建立一个民族团结政府。4 月 11 日,陶里亚蒂在萨勒诺发表讲话,建议意大利各反法西斯党派联合起来,组成新政府,并宣布意共准备加入新政府。4 月 21 日,巴多里奥政府改组,由各反法西斯党派参加的第一个民族团结政府成立,陶里亚蒂出任不管部长。6 月 4 日,首都罗马解放,巴多里奥辞职,政府进行改组,由民族解放委员会中央委员会主席、劳工民主党领袖博诺米担任总理,陶里亚蒂仍留在政府中。

实际上,意共的努力并不仅限于领导抵抗运动或是建立民族团结政府,其更大的目标是尝试将民族解放斗争与民主革命斗争结合起来,在实现国家解放后,进一步完成民主革命的任务,建立民主共和国。从实践来看,1944年夏末,共产党和行动党的2000多名游击队战士从道莫多索拉驱逐了德国军队,占领了整个奥索拉河谷之后,就宣布追求"民主共和",并开始实行民主改革。陶里亚蒂在党的那不勒斯省委员会的一次会议上也指出,"当前,共产党人有两个基本目标:打击德国侵略者争取解放;实行国家民主化"。慑于共产党力量日益壮大及对共产党可能发动革命的恐惧,11月底12月初,以天主教民主党为首的右翼势力以共产党人"煽动暴动""独断专行""制造无政府状态"为借口,制造了民族团结政府的危机。博诺米一度提出辞职。经过一番较量,意大利不久又组成了第二届博诺米政府。根据陶里亚蒂的提议,意共从大局出发,仍然参加了博诺米的第二届政府,陶里亚蒂担任副总理这一"荣誉"和"代表性"职务。

(四)意共与北意人民大起义

1945年,二战已接近尾声。2月雅尔塔会议召开后,盟军从各条战线发起强大攻势。在东线,苏军进抵奥得河-尼斯河一线,距柏林只有70公里。在西线,艾森豪威尔统率美英盟军突破德国的齐格菲勒防线,强渡莱茵河,4月中旬进占鲁尔,攻下纽伦堡,挺进易北河。在意大利,美军也突破了德国防线,开始向波河平原进军。在这种有利形势下,意共吹响了发动民族总起义的号角,意大利抵抗运动迎来了斗争高潮。

在意共领导下,1945年4月18日,都灵爆发了声势浩大的罢工。19日,以意共党员巴朗蒂尼为首的游击队和爱国者发动起义,经过两天的激烈巷战,几乎完全占领了波伦亚。21日,在盟军协助下,波伦亚彻底解放。23日,由共产党、社会党等组成的起义委员会发出了总起义的指示,呼吁各地方游击队立即举行起义。此后,民族起义的烈火熊熊燃起,迅速扩展至被希特勒占领的所有意大利北部地区。热那亚、米兰、都灵等城市几乎同时爆发起义。在民族起义过程中,意共领导的游击队发挥了主要作用。比如,在热那亚的战斗中,他们迫使1.2万名德国纳粹官兵投降。在威尼托区各城市的战斗中,他们歼灭德军4000人,迫使14万德军投降。这样,意大利人民在盟军到达之前,基本依靠自己的力量解放了北方地区大大小小125座城市。而罪大恶极的墨索里尼也未能逃脱制裁。当其看到大势已去而疲于奔命、仓皇出逃时，被意共游击队加里波第旅抓获。4月28日，民族解放委员会下令将墨索里尼及其同伙枪决，并曝尸米兰广场数日。29日，德军签署无条件投降书，意大利抵抗运动胜利结束。

在意大利的整个反法西斯斗争中，作为主要组织者和推动者的意共做出了巨大牺牲。尤其是其领导的游击队牺牲最大，其中加里波第旅共伤亡6万多名战士。意共为意大利以及欧洲反法西斯战争的最终胜利做出了不可磨灭的贡献。

四　西班牙共产党与反法西斯抵抗运动

西班牙共产党的反法西斯运动始于20世纪30年代初期,是欧洲国家共产党中较早加入反法西斯斗争的力量之一。从整个斗争进程看,西班牙共产党的反法西斯抵抗运动大致分为三个时期,第一个时期为1933～1936年;第二个时期为1936年7月至1939年3月;第三个时期为1939年3月直至第二次世界大战结束。

(一)西班牙民族战争爆发前西共的反法西斯斗争

1931年4月西班牙爆发资产阶级革命,推翻了封建君主制度,建立了资产阶级共和国,史称西班牙第二共和国(1931年4月14日至1939年3月28日),组建了共和党和社会党共同执政的联合政府。但联合政府所代表的是资产阶级和地主阶级的利益,它非但没有从根本上触动封建反动势力的经济基础,反而对工人阶级进行残酷镇压。1933年,由右翼政党联盟组成的亲法西斯的勒鲁斯政权在选举中获胜并上台执政。其后,西班牙法西斯分子蠢蠢欲动,在许多地区恶意挑衅,从此西班牙历史上"黑暗的两年"开始了。为打消法西斯分子的嚣张气焰,1934年10月,西共和社会党统一战线组织工人同盟领导了著名的阿斯图里亚斯工人起义。起义工人很快占领了奥维耶多城的大部分地区,并成立了工农革命政府。这场起义尽管仅维持了15天就被镇压下去,但凸显了西共领导民众开展反法西斯斗争的决心。与此同时,罢工浪潮几乎波及西班牙全境,民族资产阶级反法西斯的身影也出现在斗争中。因此,纵使罢工最终以失败而告终,但共产党与社会党的有效合作,以及民族资产阶级加入反法西斯队伍中同工人阶级并肩作战等实践,都为1936年人民阵线的建立打下了重要基础。

在反法西斯斗争的第一个时期,西共受共产国际战略影响很大。1931年西班牙资产阶级革命爆发后,共产国际乐观地认为这场革命是西班牙社会主义革命的前奏,号召西共为建立无产阶级专政和工农革命政府而做好准备。西共遵循共产国际的路线,提出了"打倒资本家、将军和牧师的资产阶级共和国!为工人、士兵和农民的苏维埃共和国而斗争"等口号,把法西斯力量和一般的资产阶级力量混为一谈,将反法西斯抵抗运动与社会主义革命混为一谈,因而不利于实现广泛的联合以抵抗法西斯势力的进犯,进而造成了早期策略上的失误。后来,随着实践斗争经验的积累,共产国际对现状的认识、对法西斯的认识趋于客观,因此在1935年7月25日召开的共产国际七大上,针对西班牙局势的战略和策略发生了较大变化,实现了较大突破。同时,共产国际对国际社会主要矛盾的认识也发生了改变,意识到建立广泛的反法西斯统一战线的重要性,呼吁各国共产党联合各方力量共同开展反对法西斯势力的斗争。

西共为构筑反法西斯统一战线付出了巨大努力。西班牙当时面临着复杂而尖锐的国内矛盾,几乎各反动利益团体在西班牙境内都有自己的代表和强大组织,如何联合民众、联合一切反法西斯力量,与法西斯敌人进行勇敢而坚决的斗争,成为西共首先需要解决的问题。在实践中,西共积极进行组织协调,使那些原本分散的力量在最短时间内实现了最大程度的联合。这其中既涉及工人组织、青年组织,也包括妇女组织以及其他政党组织等。比如,西共积极推动社会党领导的总工会和共产党领导的劳动者同盟实现合并,并于 1935 年 11 月成立统一总工会;促成共产主义青年组织和社会主义青年组织实现合并,并在 1936 年成立社会主义青年联盟;1934 年创建了反法西斯妇女组织,其创立者之一多洛雷斯·伊巴露丽以"热情之花"而闻名,获得了西班牙民众普遍的尊敬和爱戴。在促使各左派政党协商一致共同抵抗法西斯方面,西共也做了很多工作,比如,1936 年促成加泰罗尼亚统一社会党成立,使该地区原来的 4 个工人政党实现了联合与统一。① 除此之外,共产党对农民迫切关注的土地问题也高度重视,以期将农民团结在党的周围。

在西共的努力下,西班牙各左翼政党协商沟通,在 1936 年 1 月签署了《人民阵线纲领》,组成了由左翼共和党、共和同盟、社会党、共产党等共同参与的人民阵线。人民阵线不负众望,冲破了右翼政党所设置的重重障碍,在 1936 年 2 月 16 日的选举中取得胜利,组成联合政府,

---

① 丁则民:《1936—1939 年西班牙人民反法西斯的民族民主革命战争》,《历史教学》1959 年第 6 期。

左翼共和党领袖曼努埃尔·阿扎尼亚担任共和国总统，卡萨列斯·吉罗加任总理。

(二) 西班牙民族革命战争爆发与西共的反法西斯斗争

随着人民阵线在选举中获胜并组建新的联合政府，法西斯力量开始全力反扑。1936 年 7 月 18 日，在德意法西斯的支持下，弗朗西斯科·佛朗哥发动了一场旨在推翻西班牙共和国政府的军事叛乱。由于佛朗哥集团之前已经做好了充分的军事、组织、政治等方面的准备，叛乱迅速在西班牙各地蔓延开来。

在得知叛乱的消息后，各地方民众要求政府发放武器，尝试积极组织起来抵抗叛军以保卫共和国。在马德里，"武装！武装！武装！"的声音响彻云霄。但群众的要求却遭到政府当头棒喝，阿扎尼亚、吉罗加不仅不积极准备迎战，反而一味与叛军妥协，步步退让，甚至提出可以将国家的管理权让渡给叛军。此时，共和国政府的叛卖倾向已经昭然若揭，于是西共迅速做出回应，号召民众拒绝、抛弃吉罗加政府，重组新政府。随后何塞·希拉尔组阁。希拉尔政府迅速将武器发给民众，但由于叛军在军备及人员方面都得到了德意法西斯的大力支持，相形之下人民武装力量显得尤为单薄,斗争异常艰辛。但物质上的匮乏并没有削弱人民捍卫民族及民主权利的决心。在巴塞罗那、阿斯图里亚斯以及西班牙的其他许多地区,武装起来的民兵以及矿工们都与法西斯叛军进行了英勇的斗争。在人民的积极抵抗下,佛朗哥叛乱的脚步受到遏制。

德意法西斯看到佛朗哥集团的叛乱在西班牙难以继续推进,于是撕下其虚伪的面目,直接出兵支持叛军集团,激化西班牙内战。也正是基于此,西班牙人民的抵抗斗争具有了鲜明的民族革命战争性质。之所以说它具有民族战争的性质,是因为西班牙面临着德意法西斯的武装干涉和大规模入侵,其结果必然是使西班牙成为德意等国的殖民地,成为其发动二战的"试验田"和"演练场";之所以说它还具有革命战争的性质,是因为这场战争同时也是人民为捍卫民主与自由而与反动派进行的长期斗争。

在德意法西斯的直接支持下,从1936年8月开始,佛朗哥和莫拉的叛军从南北双向进犯首都马德里,而此时担任共和国总理的拉尔戈·卡巴列罗却奉行失败主义政策,不仅没有做出积极抵抗,反而率领一行人迁都巴伦西亚,将首都拱手让出。面对首都即将沦陷的危局,西班牙共产党率领工人和人民开展了举世瞩目的马德里保卫战。正如伊巴露丽所说,在这一危急时刻,正是共产党克服了政府首脑兼陆军部长拉尔戈·卡巴列罗的失败政策,克服了托洛茨基派、无政府主义派及其他敌视共和国分子的背叛行为,将人民团结成了一支保卫首都的强固力量。① 在马德里保卫战刚刚打响的时候,共产党就制定了清晰的斗争纲领,以调动一切可以调动的人力物力资源,组织了纪律严明的正规军和后备军,在后方发展军需工业,并开展土地改革,解决农民的土地问题,使前线和后方有效配合,以击退敌人的进犯。

在同以佛朗哥为首的法西斯力量进行斗争时,西班牙共产党对战争形势以及可行性战略都有着较为成熟的思考。就战争形势而言,西共认识到佛朗哥叛乱集团获得了德意法西斯在军事、物资、人员方面的大力支持。

----

① 〔西〕伊巴露丽:《西班牙人民民族革命战争》,沈桂高译,人民出版社,1954,第10页。

1936~1939年,德意等法西斯力量总计向佛朗哥叛乱集团提供了多达30万人的军事力量,千余架飞机、坦克源源不断运往西班牙本土。与此同时英法美各国也各藏私心,以所谓的"不干涉"政策纵容法西斯力量的膨胀,单方面遏制西班牙共和国政府的抵抗以及能够获得的外界援助,企图扼杀西班牙革命运动与西班牙人民阵线。此外,共和国政府内部,社会党和共和党的一系列妥协行为也削弱了西班牙的抵抗能力。为了应对内忧外患状况,西共制定了较为全面的斗争策略。这首先表现为号召全国人民投入到反对佛朗哥叛军及其背后法西斯势力的斗争中。其次表现为注重打开前线与后方两大战场。前线战场强调正规军与游击队作战相互配合,遥相呼应,其中战功赫赫的"第五团"就是由西共领导的一支正规部队。后方战场强调发展军需工业,肃清间谍、特务的破坏行径。最后还表现为抵抗与建设相结合。在抗击法西斯进程中,凡是共和国政府所控制的地区都尽可能推行一系列改革方案,比如解决农民的土地问题,工人参与对工厂的监督和管理,执行同工同酬制度,等等。除此之外,苏联以及共产国际也给了西班牙共和国以强大支持和帮助,它们不仅提供宝贵的军事装备,更组织了由 54 个国家参加的人数多达三四万的国际纵队直接参与到西班牙保卫共和国的战争中。

1936 年 8 月,面对叛军向马德里集结的危急情势,马德里保卫战随即打响。在这场战役中,该地区 90% 的共产党员都冲上了前线。这一时期涌现出许多优秀的并具有广泛影响力的共产党员,如上文提及的伊巴露丽、率领"第五团"进行主力反击的恩利格·李斯特和埃尔·坎普西诺,他们始终战斗在第一线,战斗在最需要也是最艰苦的地方,在"第五团"和前来支援的国际纵队的紧密配合下,击溃了叛军一次又一次的进犯。1937 年 2 ~ 3 月,叛军和德意法西斯发动了两次强大攻势,"第五团"和国际纵队通过有效组织给予了坚决打击,导致敌军伤亡近万人,数千人被俘虏,并缴获了大量武器和军备,取得了瓜达拉哈拉阻击战的胜利。由于瓜达拉哈拉距马德里仅 50公里,这场战役的胜利也扭转了马德里的危局。持续 8个月的马德里保卫战,尤其是在瓜达拉哈拉阻击战中对意大利侵略军的沉重打击,极大地打击了墨索里尼的嚣张气焰。

但佛朗哥等法西斯叛军并没有就此罢休,而是转向进犯其他地区,进而切断马德里同周边联络的交通要塞,使其成为一个"孤岛",陷入四面楚歌之境地。共和国军队为突破法西斯的围攻,展开了堪称西班牙内战中最为惨烈的一场战役——埃布罗河战役。这场战役从1938年7月开始,持续了3个月之久,直至11月才结束。共产党领导的"第五团"和国际纵队的大多数力量都投入这场战役中,人数多达10万。但终因寡不敌众,再加上共和国内部的矛盾,军队被迫在1938年11月16日撤出战斗。1939年3月3日,海军基地卡塔黑纳爆发反革命武装叛乱,接着3月5日首都马德里再度发生叛乱,共和国政权在反革命白色恐怖中落下帷幕,从此开始了佛朗哥长达36年的独裁统治。这一时期,除佛朗哥所在的长枪党为合法政党外,其他一切政党均被宣布为非法。佛朗哥政权更是对西共展开大规模追捕和屠杀,数以万计的共产党员被杀害和监禁,大批西共领导人流亡海外,一部分坚守在国内的共产党员进行了长达11年的游击战争。

(三)第二次世界大战期间西共的反法西斯斗争

在佛朗哥政权白色恐怖统治下,西共只能选择暂时退却的战略,但退却并不意味着退出,更不意味着放弃其自身理论主张,停止革命的步伐。西共将斗争从地上转入地下,在国内外继续开展反法西斯、反佛朗哥独裁政权的斗争。西共在二战期间的反法西斯斗争主要体现在以下几个方面。

首先,西共为促使西班牙在二战中保持中立国身份,制止其成为德意法西斯的帮凶发挥了很大作用。虽然西班牙在二战中选择中立的因素有许多,其中不乏国际因素,比如德意及英美等国对西班牙进行拉拢,导致佛朗哥政权不断权衡"轴心国"与"同盟国"之间的力量优势,而保持中立似乎更有助于西班牙在瞬息万变的国际局势中"投机取巧"。但是,真正令佛朗哥担忧的,也是促使他最终决定拒绝参加这次战争的主要因素在于西班牙内部,在于对维护其并不稳定的独裁统治的考虑。尽管佛朗哥上台后对西共进行了残酷镇压,并颁布了"政治责任"法令,恶意追究那些曾参加过民主运动人士的责任,并宣称凡是参加过共产党组织的人都是有罪的,因而要接受"政治责任"特别法庭的审讯,而且剥夺被告人聘请律师的权利。但即便如此,西共仍继续坚持斗争,多方奔走,呼吁反对西班牙参加战争。战争爆发伊始,西共就明确反对佛朗哥政权加入德意法西斯,并充当德国进攻苏联的帮凶。同时,西共也注意到当时在西班牙境内有多种力量都赞成国家保持中立,其中既有左翼无政府工团主义者、社会党人,也有一些右翼力量。为此,西共试图将一切反对西班牙参战的组织和团体联合起来,以遏制佛朗哥政权参战。1941 年 8 月,西共中央委员会发表的宣言中明确提出反战要求。1942 年 9 月的宣言更加明确地提出:"我们所经历的这个时期要求我们消除至今仍使我们疏远的意见分歧、仇恨和激情,并把我国人民从佛朗哥和长枪党妄图把他们投入战争和死亡的深渊中拯救出来。"

其次,西班牙共产党继续在国内开展地下工作,建立地下印刷网,创办多种报纸、杂志,如《工人世界报》《真理》《团结》《坚强》等报,并努力恢复、完善地下工作组织,同时积极开展游击活动,给佛朗哥独裁政权以有力的打击。1941 ~ 1942 年,许多流亡海外的西共成员冒着生命危险回到国内组织地下斗争,无数西共党员为此付出了宝贵的生命,比如西共中央委员会委员赫苏斯·拉腊尼亚加、伊西奥多罗·迪埃格斯等许多党员都惨遭杀害。1943年后,西共在西班牙境内建立了多个庞大且组织严密的地下组织,并成立了反佛朗哥统一战线——全国统一洪达,吸引了许多反法西斯力量和反佛朗哥独裁政权的民众加入其中。

最后,流亡国外的西共成员也始终坚持进行反法西斯斗争。比如在法国南部许多地区都可以看到西共党员的身影,他们在那里组建游击队,同入侵的德国法西斯展开激烈较量。在这些斗争中涌现出许多优秀的西共党员,如奋战在法国南部比利牛斯大区所辖省份上比利牛斯省的克里斯蒂诺·加西亚,在佩皮尼昂等地的梅德拉诺,以及在萨瓦、中央高原和布列塔尼的年轻指挥员何塞·巴龙·卡雷尼奥等,其中卡雷尼奥在一次进攻市政厅的战役中更是献出了年仅24岁的宝贵生命。西共在西班牙境内以及其他地区还进行了长期的游击战争,直至战争结束后的1948年,游击战争才画上句号。

西共的反法西斯斗争在国内和国际社会都产生了深远影响。就国内方面而言,其影响不仅体现在打击了德意法西斯支持下的佛朗哥叛乱集团,更在于播撒下了民主、自由思想的种子,而这颗种子终将在西班牙未来的革命中开出鲜艳之花。就 1936～1939 年的民族革命战争而言,这是西班牙人民在共产党的号召和引领下展开的反对半封建的君主制度,维护国家领土完整、民族独立的爱国斗争。尽管在国内外反动势力的干涉下,这场斗争以西班牙人民的暂时失败而告终,却使人民群众看清了德意法西斯的侵略以及英法美等国所谓"不干涉"政策的本质,对佛朗哥等叛军的法西斯专权的实质也有了正确的认识。在革命过程中,西班牙人民逐渐认识到联合斗争的重要性,认识到在革命的危难时期,在首都面临陷落的紧急时刻是西共始终战斗在第一线,为保卫国家的独立、捍卫人民的利益做出了重大牺牲。在暴风骤雨中,人民的思想意识经历了一次深刻的洗礼。

从国际方面来看,西班牙人民所进行的反法西斯斗争也有着深刻的世界意义。一方面,在西共号召下所组成的人民阵线在西班牙民族革命战争期间发挥了巨大作用,使德意将西班牙变成发动第二次世界大战"演练场"的如意算盘难以顺利实现,很大程度上牵制了法西斯的力量。正如斯大林在给何塞·狄亚斯所代表的西共中央的电报中说:"苏联劳动人民给西班牙革命群众可能做到的帮助,只是为了履行自己的天职。他们懂得,西班牙从法西斯反动分子的压迫下求得解放,不是西班牙人本身的事情,而是全体先进和进步人类的共同事业。"①季米特洛夫也指出:"西班牙人民这种英勇的斗争,除伟大十月革命外乃是欧洲战后政治史上最重要的大事之一。"②另一方面,以苏联为首的共产国际对西共给予了极大的帮助和支持,国际主义精神在这一过程中得到了充分彰显,这也为世界共产主义运动添上浓墨重彩的一笔。

① 〔西〕伊巴露丽:《西班牙人民民族革命战争》,沈桂高译,人民出版社,1954,第8页。
② 《季米特洛夫文集》,解放社,1950,第275页,转引自丁则民《1936—1939年西班牙人民反法西斯的民族民主革命战争》,《历史教学》1959年第6期。

五　南斯拉夫共产党与反法西斯抵抗运动

南斯拉夫共产党是南斯拉夫人民反法西斯抵抗运动的中流砥柱。从法西斯的铁蹄踏上这片土地的第一天起,南共就举起了反法西斯的旗帜,号召全体民众投入这场为捍卫人民利益而进行的斗争中来。在南共领导下,南斯拉夫人民不仅将法西斯势力清除出本国领土,捍卫了国家的主权和领土完整,还使南斯拉夫最终走上了社会主义道路,大大推动了国际共产主义运动的发展。

(一)南斯拉夫人民解放斗争序幕拉开与南共的斗争

南斯拉夫地处巴尔干战略要地,是欧洲大陆通往地中海,直抵亚洲、非洲的重要通道。早在二战爆发前,德国法西斯就觊觎这片土地已久,试图将南斯拉夫拉入法西斯轴心国集团,为其发动全面战争提供条件。二战爆发后,德国法西斯更是把占领南斯拉夫作为其重要战略步骤,以便为发动对苏联的进攻做准备。而与此同时,同盟国成员国也在加紧对南斯拉夫王国的拉拢,英法两国希望通过对巴尔干国家进行援助,将它们拉入同盟国阵营,使其在战时成为后备资源的供应地。美国驻南斯拉夫王国大使布里斯·拉奈在同帕夫莱亲王会谈时明确表示,"南斯拉夫除了拒绝德国的要求外,其他任何决定都会给盟国带来损失"。

然而,亲法西斯的德拉吉沙·茨韦特科维奇政府在德意法西斯的拉拢及对国内布尔什维克主义恐惧的情况下,终于在1941年3月23日签署了加入德意日三国公约的议定书,同轴心国结盟,走上了扮演轴心国走卒的道路。加入轴心国的议程几乎是在完全秘密的条件下进行的,南斯拉夫王国政府为了规避国内的抗议声音,设法躲避民众视线,特别是躲避以南共为代表的反对派的视线,打着所谓"中立""徘徊"的招牌混淆人们的判断,也混淆着英法苏等国的判断。即便在签约完成之后,政府仍以欺骗的方式谎称这一行为是无奈之举,是"为了维护和平,保障独立和领土完整,以达到不允许武装力量通过南斯拉夫国土的目的"。然而,南斯拉夫人民是不容这样被欺骗和愚弄的,他们决不允许法西斯力量在自己的国家肆意横行。为此,南斯拉夫人民在铁托及其领导的南共的带领下奋勇抵抗,拯救祖国于法西斯的铁蹄之下。3月27日,在南斯拉夫王国签署加入三国公约仅三四天后,民众就发动了反对叛国政府的民主政变,将南斯拉夫王国本身及其所签订的协约一同扫入了历史的垃圾堆。这一事件"揭开了南斯拉夫人民解放斗争的序幕"[1]。在南共的领导下,无数城市和乡村的人们走上街头,成千上万的人高呼:"宁可作战,不要条约!""宁进坟墓,不做奴隶!""拥护与俄国联盟!""打倒签订三国公约的卖国贼!""打倒希特勒!"

南共之所以能够在较短的时间内凝聚起民众力量,并对卖国政府的恶劣行径予以有力揭露,一个重要的原因是南共一直以来都非常注重思想上的宣传与对自身理论主张的传播,无形之中为揭露法西斯侵略本质做了充分的准备工作。其中,创办多样化的报刊可谓是南共动员工作的重要举措之一。他们通过创办各种报刊号召民众团结起来共同抵抗法西斯的渗透和侵略。除了南共机关报《战斗报》、南共青团机关报《青年战斗报》以及南共

① 马细普:《南斯拉夫兴亡》,社会科学文献出版社,2010,第102页。

中央机关刊物《无产者》等覆盖面较广的革命刊物外,几乎各个省都创办了多种报纸杂志。早在 1935 年就有《人权报》《劳动报》《工会之路》《综览》《回声》《和平之声报》《共产主义者报》《突击报》《黎明报》《镰刀和锤子报》等,之后还陆续涌现出一些新的报刊,如《艺术与评论》《青年文化》《人民觉悟》等。此外,南共对马克思主义书籍及其他反法西斯性质的图书的出版、学习和推广也高度重视。这些报纸、杂志和书籍积极有效地传播了南共的声音,扩大了党在群众中的影响力和感召力。

然而,3 月 27 日政变发生后上台的西莫维奇政府并没有采取积极的抵抗举措,反而号召"全体公民要保持平静",这样的主张所达到的效果同前任政府一样,都会纵容德意等法西斯力量的入侵,促使本国亲法西斯力量继续膨胀。为此,南共中央在 1941 年 3 月 30 日发表《告南斯拉夫人民书》,要求新政府做出真正的改变,同苏联建立起密切而友好的联系,撕毁丧权辱国的加入三国公约的议定书,同时对政府所做的虚假许诺以及无理拖延表示强烈抗议和极度的愤慨。在这种情况下,新政府被迫于 4 月 5 日同苏联签订了为期 5 年的《友好和互不侵犯条约》。但事实正如温斯顿·丘吉尔所言：
"通过3月27日政变,南斯拉夫人拯救了他们的灵魂,
拯救了他们国家的未来,但拯救国土已经太晚了。"①西
莫维奇政府迟缓、被动的应对举措,使南斯拉夫王国政
府丧失了动员、抵抗法西斯的有利时机,南斯拉夫陷入
灾难的深渊。

（二）南共领导下的民族解放斗争逐步展开并走向深入

1941年4月6日,德国、意大利、匈牙利、保加利亚等
国的军队围攻除南斯拉夫与希腊接壤地区之外的所有南
斯拉夫边境线,迅速占领了萨格勒布、卢布尔亚那、克拉
古耶茨城等地区。12日,德军进入贝尔格莱德。在这种
情况下,南斯拉夫国王彼得二世及西莫维奇等一行人不
但不积极组织民众进行抵抗,反而席卷大量财富逃之夭
夭,抛弃了自己的国家和人民,其叛国及投降之意昭然
若揭。

此时,在南斯拉夫这块被法西斯势力蹂躏的破碎国

①　〔英〕弗雷德·辛格尔顿:《二十世纪的南斯拉夫》,中国财政经济
出版社,1980,第27页,转引自马细普《南斯拉夫兴亡》,社会科学
文献出版社,2010,第104页。

土上,南共成为唯一存留下来的政治组织。回顾历史,南斯拉夫自 1918 年建国后,20 多年的时间里,曾先后存在过约 40 个不同类型的政党,分别进行着各自的活动,但当国家面临危难时,只有南共挺身而出,坚守着民族和人民的利益,明确打出反法西斯的旗帜,誓与法西斯斗争到底。就连希特勒也不得不承认,正是以铁托为首的最高司令部和南共中央构成了南斯拉夫人民解放斗争的心脏和头脑。[1] 通过前期对自身主张和行动宗旨的宣传以及长期所做的"幕后"工作(南共在 1921 年被宣布为非法政党,被禁止开展活动,随即转入地下),南共在民众中已经拥有了较高的影响力和威望,而南斯拉夫国王的投降,进一步激起了南斯拉夫人民的愤怒和抵抗的勇气与决心,因而在南共的领导和组织下,各地区、各民族的抗议行动此起彼伏地开展起来。

4 月 10 日,南共中央委员会召开紧急会议,对如何应对德意等法西斯的侵略做出军事和组织上的部署,并积

---

[1] 〔南〕波波夫斯基:《世界论铁托和南斯拉夫革命》,杨元恪译,人民出版社,1985,第 3 页。

极促成反法西斯人民阵线的建立。4 月 15 日,南共中央发表了《告南斯拉夫各族人民书》,号召南斯拉夫各族同胞"为自己的独立而战斗和牺牲吧! 你们知道,这个斗争一定会取得胜利,尽管目前在这个斗争中较强大的敌人会战胜你们。不要气馁,更紧密地团结起来,仰起头来迎接一切最沉重的打击。南斯拉夫的共产党员和整个工人阶级站在反对侵略者的斗争者队伍的最前列,坚持到最后胜利……在南斯拉夫各民族真正独立的基础上,将建立起自由的兄弟般的友谊"①。在随后到来的五一国际劳动节上,南共也照例发表了五一节文告,号召人们团结在南共周围参加到反法西斯抵抗运动中来。正是在反法西斯阵线的基础上,南共团结了包括工人、农民、青年学生以及妇女等在内的一切可以团结的力量,展开了一场群众性反法西斯战争,将反法西斯斗争融入人民战争的浪潮之中。就连德国和意大利的前线指挥部也不得不承认,南斯拉夫的老百姓和游击队是天然的盟友,前者充当

---

① 〔南〕马梁诺维奇:《南斯拉夫的解放战争和人民革命》,李玉臣译,世界知识出版社,1957,第 11 页。

着侦察员和情报员的角色。

　　法西斯侵略者在占领南斯拉夫后,对南斯拉夫采取分而治之的策略。当时,德国占领了贝尔格莱德及其周边地区、斯洛文尼亚大部以及塞尔维亚的大部分地区,意大利占领了斯洛文尼亚南部一些地区并获得对门的内哥罗的实际管辖权。保加利亚则在马其顿大部分地区和塞尔维亚南部获得了控制权,匈牙利则分得了巴奇卡省等地。不仅如此,法西斯占领者还在南斯拉夫内部挑起民族矛盾,试图从内部瓦解南斯拉夫,使南斯拉夫人民彻底臣服在法西斯统治之下。为此,南共号召全体民众团结起来,以联合的力量对反动势力予以坚决的反击。7月4日,南共中央政治局做出开展武装斗争的决定,并发表《告人民书》,呼吁"南斯拉夫各族人民:塞尔维亚人、克罗地亚人、斯洛文尼亚人、门的内哥罗人、马其顿以及其他民族! ……让我们像一个人那样投身战斗,抗击占领者和叛徒"。

　　在南共领导下,南斯拉夫人民奋勇抵抗,使解放区不断扩大和发展,这令德意法西斯倍感恐慌。从9月16日起,法西斯组织力量开始对解放区进行大规模且极其残酷的进攻和打击。其打击的重点是当时南共中央与游击分遣队最高司令部所在地乌日策及其隶属的塞尔维亚地区。1941年11月22日,德军组织了总计8万人的兵力围剿"乌日策共和国"。面对敌众我寡的状况,最高司令部做出战略转移的决定。为了掩护群众和大部队的转移,南共组成了由320人承担狙击任务的工人营,他们以献出生命为代价,胜利地完成了任务。

艰辛而残酷的斗争使南共认识到加强、扩大军事力量的必要性。这突出表现在游击队的建设以及第一无产者人民解放突击旅的成立。事实上自1941年7月发动武装起义的历史决议发出后,直至1941年底,除了马其顿因遇到一些特殊情况,游击队的发展遇到障碍外,南共在其他各地区的游击队组织均有了很大程度的发展,各省游击队成员都达到了千余人甚至数千人的规模。随着斗争逐步走向深入,为了有效应对法西斯力量对南斯拉夫的全面侵袭,南共认识到整合各地区游击力量以便应对占领者规模化进攻的必要性,于是在1941年12月22日成立了第一无产者人民解放突击旅(简称第一无产者旅),由游击队最高司令部直接指挥,这是新南斯拉夫第一支正规化部队。人民解放游击队于 1942 年更名为南斯拉夫人民解放军和游击队,后来 12 月 22 日也就成为南斯拉夫人民解放军的成立日。

由于游击队取得了较为迅速的发展,1941 年底敌我力量悬殊的状况有所缓解。此时活跃在南斯拉夫各地的游击队员已达 8 万余名,另外还有 43 支较大的游击队、10 个游击营和 1 个无产者旅。为了适应大规模作战的需要,1942 年 11 月,人民解放游击队最高司令部在已经成立的 26 个无产者旅的基础上建立了更高一级的军队,即正规的师和军,使整个队伍更趋灵活和规范化。1942 年底,人民武装力量已经拥有 43 支游击队、36 个步兵旅、9 个师和 2 个军以及一些准军事组织,总人数达 15 万。他们所抵抗和牵制的法西斯力量也蔚为壮观,其中包括驻南斯拉夫的 15 万德军、33.5 万意军、9 万保军和 2.8 万匈军,以及近 25 万人的吉斯林部队和 25 万伪军,敌伪兵力共计 85 万人。① 南斯拉夫人民解放军和游击队英勇奋战,到 1943 年末,不仅解放了南斯拉夫近一半的国土,还

---

① 马细普:《南斯拉夫兴亡》,社会科学文献出版社,2010,第 142 页。

使 30 万名战士拥有正规装备,党的队伍建设呈现质的发展。

南共在抵抗法西斯势力侵略和占领的同时,还全力应对国内反叛势力的进攻。这些反叛力量是法西斯在南斯拉夫的帮凶。比如在意大利支持下由安特·帕韦利奇组建的、以乌斯塔什分子为主力的"克罗地亚独立王国"傀儡政府,以及在斯洛文尼亚成立的"斯洛文尼亚人民委员会"及其武装力量"斯洛文尼亚军团",为抑制斯洛文尼亚解放斗争发展而成立的"白卫军"和"蓝卫军",还有分布在塞尔维亚、门的内哥罗、波斯尼亚等地的切特尼克。以德拉戈留布-德拉扎·米哈伊洛维奇为首的切特尼克分子在塞尔维亚展开了不计其数的具有鲜明反共性质及大塞尔维亚主义的叛乱,他们甚至被称为"杀人不眨眼的刽子手"。南斯拉夫历史学家曾这样慨叹:"在欧洲被占领的国家当中,没有哪一个国家像南斯拉夫有这么多顽固的卖国贼。"南共与国内的这些反动力量展开了大量针锋相对的斗争。

在与国内外反动力量进行斗争的同时,南共也不断加强自身军队和政权的建设。早在全面开展武装斗争抵抗法西斯之初,在斗争异常艰难的起步阶段,南斯拉夫的一些地区就已经开始成立人民解放委员会,真正将民主权利赋予人民。南共在指导解放军及游击队进行武装斗争的过程中,极其注重收复地区的政权建设,以乌日策人民解放委员会为代表的人民政权就是其中最突出的代表。尽管"乌日策共和国"仅存在了短短67天的时间(1941年9月24日至11月29日),但是它的存在却是南共及南斯拉夫人民共同抵抗法西斯的生动写照,也是南共在斗争中建立人民政权的初步尝试和探索。1941年10月7日位于塞尔维亚西部的乌日策市成立人民解放委员会后,这里成了人民解放游击队最高司令部新的驻地,领导着整个南斯拉夫地区的反法西斯斗争。同时,人民解放委员会积极恢复解放区民众的正常生活所需,保障民众的人身与财产安全,将临时解放区变成前线抗击法西斯的物资供应站,积极发展解放区经济,并对扰乱解放区秩序的投机倒把分子予以坚决打击。

此外,在人民政权的建立方面特别值得书写的一笔是南斯拉夫人民解放反法西斯委员会(简称阿夫诺伊)的成立。阿夫诺伊是在 1942 年 11 月 26～27 日召开的全南斯拉夫反法西斯代表大会上成立的。当时铁托及其领导的南共已经认识到,尽管受国内外环境的制约不可能建立一个合法的政府,但决不能放弃建立一个能够团结全体人民进而组织和领导人民的政治机构。客观上这一机构已经起到了政府的作用,因而其毫无疑问是"建立人民革命政权的第一次全民行动"。

1943 年 9 月后,斯洛文尼亚、门的内哥罗、克罗地亚、波斯尼亚和黑塞哥维那以及马其顿等很多地方都成立了边区人民解放反法西斯会议,其最重要的意义在于将南斯拉夫不同地区、不同民族的力量引向统一的方向,为构建一个新的统一的、民主的、平等的南斯拉夫创造条件。1943 年 11 月 29 日,南斯拉夫人民解放反法西斯会议第二次会议召开,这次会议确认南斯拉夫人民解放反法西斯会议为南斯拉夫最高立法和行政机关,同时也是南斯拉夫和人民主权的唯一合法代表。同时,还成立了南斯拉夫全国解放委员会作为南斯拉夫人民解放反法西斯会议的执行机关。这一天后来也成为新南斯拉夫正式成立的纪念日。

不难看出,南共在反法西斯过程中所进行的各项组织准备是较为完善和充分的。这既体现在对游击队、解放军的训练和武装,对青年军官干部的培养上,也体现在在解放区开展有效的组织民众支持抵抗战争、组织生产支援前线的工作上。此外,还体现在国家政权的民主实施方面。正是因为具备这样的组织能力,南共领导下的解放军和游击队才能够取得如此多的以少胜多的战役,最终取得民族解放战争的胜利,并在二战后建立起社会主义制度。

南共领导下的民族解放战争付出了重大的牺牲,捍卫了南斯拉夫人民的权利,也给法西斯力量以沉重打击。南共领导下的反法西斯战争,使希特勒原本以为是一项"附带的任务""必须尽快结束"的战争一直持续到二战结束。南共的积极抵抗很大程度上牵制了法西斯军队的力量,致使希特勒法西斯不得不将进攻苏联的"巴巴罗萨"计划向后推迟了 38 天,从原定的 5 月 15 日延至 6 月 22日。此外,即便在工人数量较少、相对落后的黑山地区,人们的反抗也迫使意大利法西斯从阿尔巴尼亚调兵前往支援,以便应对这场"真正的战争"。

丘吉尔曾对南斯拉夫反法西斯的作用给出这样的评价:"谁也无法准确估计,重大战役推迟五个星期给盟军带来了多大的好处,尤其难以估计这种推迟对严冬到来以前德俄交战会有什么后果。完全有理由说,莫斯科因此而得救。"①

1941年底,"南斯拉夫的人民解放武装力量牵制着6个德国师、17个意大利师、5个保加利亚师和1个匈牙利师以及吉斯林部队的其他武装力量。这些敌伪武装力量总共近50万人"。1942年底,南斯拉夫人民解放军和游击队的人数接近15万,牵制着80多万敌伪兵力。② 从1942年末到1943年初,位于里亚斯特和奥地利地区、贯通德国和意大利的交通线上夜以继日地运输着轴心国扩大非洲战线的军需物资,南斯拉夫人民解放军和游击队为了切断这条运输线,为非洲战

① 〔南〕波波夫斯基:《世界论铁托和南斯拉夫革命》,杨元恪译,人民出版社,1985,第5页。

② 〔南〕弗·斯特鲁加尔:《1941—1945年南斯拉夫人民的战争和革命》,游击队图书出版社,1962,第76页,转引自马细普《南斯拉夫兴亡》,社会科学文献出版社,2010,第128~129页。

场赢得更多的有利时间和空间开展了英勇斗争,致使亚得里亚海的各南斯拉夫港口实际上已经不能再为德国和意大利的军队及其战略供应所利用。可见,南斯拉夫的抵抗不仅遏制了法西斯力量对南斯拉夫的渗透,而且为法西斯势力在整个欧洲乃至世界范围内的崩溃做出了自己的贡献。1944年底,南共对付的德军就有25个师,加上保加利亚、匈牙利和伪军的力量,共对付40多个师、58万人。

在整个反法西斯战争进程中,占领者对游击队组织的大小进攻不计其数,其中最主要的规模化进攻就有7次。第一次始于1941年9月28日,游击队在敌强我弱的条件下持续进行了两个月的英勇抗争,最后无奈选择南撤。第二次进攻是在1942年1月,最后以德国占领者的失败而告终。然而在游击队员抵抗占领者的过程中,他们需要克服常人所难以想象的困难。1942年初当占领者对游击队展开第二次大规模进攻时,游击队因缺少必要的军需物资,不能保证每名战士都有自己的武器,但一些没有武器的战士也自愿选择和游击队一同作战,等敌人倒下后再拿起他们的武器来发动进攻。① 正是在这种无畏精神的支撑下，德国占领者的进攻以失败而告终。第三次进攻是从 1942 年 4 月中旬开始的，同样以占领者的失败而告终。第四次进攻是在 1943 年 1 月，敌人派出了 4 个德国师、3 个意大利师和众多切特尼克等发起对解放军和游击队的围攻，即"白色Ⅰ—Ⅲ号作战方案"。南斯拉夫人民解放军和游击队为避开敌人在正面战场的进攻，采取了一定范围的退却战略，以寻求有利的反攻时机，最终强渡、巧渡奈雷特瓦河，开辟出新的解放区。但是在撤退的过程中，游击队仍付出了重大牺牲。奈雷特瓦战役是一场军事上敌强我弱的战役，当时敌人的兵力总计 9 万人左右，而且具有精良的装备，而南斯拉夫人民解放军和游击队的人数仅有 2 万名，而且当时解放军和游击队还面临着一般军队所没有的问题：当时跟随军队的不仅有 8 万名难民，还有近 4000 名伤员和病号。缴获的为数不多的食品要先提供给伤员，剩下的才能分给战

① 〔南〕波波夫斯基：《世界论铁托和南斯拉夫革命》，杨元恪译，人民出版社，1985，第 43 页。

士。铁托曾回忆说:"疲乏和饥饿使得许多战士精疲力竭,常常因此而牺牲。我还记得,我们渡过奈雷特瓦河时,我见有一名战士坐在一个地方,靠着一杆枪。我对他说:'同志,全都走了,我们是最后一批人了。'他不回答。我碰了碰他的肩膀,他倒下了。我仔细一看,他已经死了,心脏已停止了跳动。而这样的人为数不少。"①在这场战役中军队甚至派出达尔马提亚第九师整个师的战士去抬伤员和病号,老百姓也尽其所能帮助解放军和伤员渡过难关,在这个过程中,许多战士因抬伤病员而感染伤寒,然而这些从未使他们心生抱怨,反而更加坚定了克服困难的勇气和信念。也正因此,铁托称奈雷特瓦战役是最光荣也是最人道的一场战役。

第五次进攻是在 1943 年 5 月初发起的。这次战役中,人民解放军和游击队面对的是 4 倍于自身力量的敌人。无论在武器装备上,还是在后勤供给上,德意法西斯军团都占据着绝对的优势,为了应对德意保法西斯及伪

---

① 佩·达姆扬诺维奇博士、布·格利戈里耶维奇博士、尼·波波维奇博士、米·韦索维奇博士编《铁托自述》,达洲、李代军、赵乃斌译,新华出版社,1984,第 243 页。

军共同发起的围剿桑贾克及黑山游击队的"黑色行动",南斯拉夫人民解放军和游击队打响了可歌可泣的、终将载入史册的苏捷斯卡战役。在这场战役中,人民解放军和游击队投入的军力损失了1/3,牺牲了约8000名指战员,终于取得了第五次反围剿的胜利。

第六次进攻是在1943年9月,当意大利宣布投降时,德国试图阻止南斯拉夫人民解放军和游击队与盟军联合作战,因而组织了包括36个师、总计63万人的强大攻击部队。人民解放军和游击队的总兵力为30万人。这一战役是整个战争期间法西斯势力对南斯拉夫发动的最为激烈也是规模最大的一场。德国法西斯以60万人,即2倍于南斯拉夫人民解放军和游击队的兵力向后者展开猛攻。伴随反法西斯人民解放运动逐步走向高潮,南斯拉夫人民解放军和游击队再度克服军备及后勤保障方面的不足,击溃了敌人的第六次攻势。

第七次进攻发生在民族解放斗争蓬勃发展并且即将取得胜利的时期,这将在下文进行介绍。纵观南斯拉夫反法西斯运动,南共所领导的反法西斯运动之所以能够取得成功,能够在敌人发动的几次凶猛的进攻、围剿中保存力量并进行有效反击,其关键并非在人数及军事装备方面——多次以少胜多的战役就是最好的说明。更为重要的是,南共引领了一场人民的战争,在这个过程中调动起了人民的力量,与此同时还伴随着对共产主义理想与信念的传播,一方面体现在对马克思主义书籍及革命报刊的印刷与推广,另一方面还体现在革命过程中所彰显的为构建更加民主、自由的社会不畏牺牲的精神。英国保守党议员菲茨罗伊·麦克莱恩对铁托采取的游击战术曾做出这样的评价:"在游击战争中,思想比物质手段更重要,就力量和持久性……而言,可以与革命共产主义相比拟的思想不多。共产主义使游击队员有一致的目标,能下狠心,有铁面无私的纪律。要是少了这些东西,他们就活不下去,更不用说成功了。"①更值得钦佩的是,即便在1943年艰苦的苏捷斯卡战役期间,战士们在斗争间隙也都会拿起马克思主义相关图书,加深对马克思主义的认识和理解,以便在理论上武装自己,掌握这一战胜敌人

---

① 〔南〕波波夫斯基:《世界论铁托和南斯拉夫革命》,杨元恪译,人民出版社,1985,第22页。

的法宝。共产主义理念之所以能够被南斯拉夫所接受，南斯拉夫最终能确立社会主义制度，与南共在反法西斯斗争过程中对共产主义信念的播撒密不可分。

(三) 民族解放斗争的蓬勃发展与胜利

就在南斯拉夫民族解放战争即将取得胜利的时候，德国法西斯力图阻止这一进程并做最后一搏，于是在1944年5月中旬发动了针对南斯拉夫人民解放军和游击队最高司令部的"跳马"计划。敌人对最高司令部和主要军事力量聚集地德尔瓦尔城进行突然袭击，试图一举消灭南共的核心指挥所。然而在南斯拉夫军民的合力抵抗下，德军损失惨重，最高司令部也安全转移到了维斯岛，从而粉碎了敌人的第七次进攻。正是民族解放战争期间粉碎了敌人组织的最后一次大规模进攻，为南斯拉夫解放战争的最终胜利奠定了坚实基础。但越是接近胜利，国内的局势也就越发变得复杂，这集中体现在对南斯拉夫未来政权性质方面的争论。以英国为代表的一方极力劝说南斯拉夫全国解放委员会接受流亡王国政府回国并达成和解，意图通过王国政府实现其自身对南斯拉夫的控制和干预。此外，苏联也在很大程度上同流亡王国政府保持联系。南斯拉夫全国解放委员会顶住了来自多方的压力,明确表示拒绝国王回国,也拒绝在南斯拉夫实行君主制。之后,随着战局愈发明朗化,南斯拉夫的民族解放战争距离最后的胜利指日可待,王国政府内部也发生了动摇和分歧。于是全国解放委员会同意与王国政府首相伊凡·苏贝塞奇进行谈判,最终达成协议,并于1945年3月7日组成了以铁托为首的南斯拉夫联邦民主共和国临时政府,苏贝塞奇任外交部部长。正是由于南斯拉夫全国解放委员会的坚守与灵活应对,流亡王国政府问题得到相对顺利的解决,从而避免了内战的爆发。

在民族解放战争最后的攻坚阶段,苏联为南斯拉夫提供了军事方面的重要援助。也正是在苏联军队的有力帮助和配合下,南斯拉夫人民解放军打退了德军在贝尔格莱德的2.2万名驻军,并最终于1945年10月20日解放了贝尔格莱德全城。之后,南斯拉夫人民解放军陆续解放了境内的许多地区,但是德军在南斯拉夫的局部地区仍负隅顽抗,直至1945年5月15日,南斯拉夫领土上的军事行动才得以结束。

民族解放战争的胜利与南共的发展和武装力量的增

强是同步进行的,二者也是交相呼应的。回顾南共的发展,在战争刚刚开始的时候,南共只有 1.2 万名党员,但到了 1942 年底,南共就已发展成为拥有 15 万人的革命武装力量,1943 年底则超过 30 万人。在战争的最后阶段,南斯拉夫人民解放军和游击队共歼敌 10 万,俘虏敌人 30 万,人民解放军和游击队发展成了一个拥有 80 万人的强大武装力量。在南共领导下,南斯拉夫的抵抗运动将民族解放、反法西斯斗争与社会主义革命集于一体,探索出了一条独特的革命道路和社会主义道路,奠定了南斯拉夫社会主义制度的基础。

六　欧洲共产党反法西斯斗争的历史贡献与影响

在反法西斯的欧洲战场上,欧洲共产党发挥了重要
作用,付出了重大牺牲,为推动反法西斯战争的最终胜利
做出了巨大的历史贡献。同时,从战后整个世界历史进
程看,欧洲共产党的反法西斯斗争也具有重要历史意义。
正是反法西斯斗争扩大了欧洲共产党的影响,丰富和发
展了马克思主义理论,极大唤醒了这些国家广大人民群
众的民主斗争意识,极大地推动了世界历史的进步。

(一)欧洲共产党对反法西斯斗争的历史贡献

首先,欧洲各国共产党领导的抵抗运动以怠工、罢
工、破坏交通、焚毁仓库乃至武装斗争等形式,打乱了德
意法西斯的战略部署,歼灭并牵制了纳粹法西斯的大量
兵力。比如,希腊共产党领导的抵抗运动共牵制 12 ~ 14
个法西斯师约 30 万人,歼敌 14 万,在整个战争期间,共
歼敌 40 万。在被希特勒视为心腹大患的南斯拉夫,南斯
拉夫共产党领导的抵抗运动通过 7 次反围剿斗争,共牵
制了约 20 万德军、23 万伪军和 2.5 万匈牙利军队。法国

共产党领导的抵抗运动的广泛开展,迫使德国法西斯在战争期间不得不在法国一直保持着约 60 万军队。在仅有 100 万人口的阿尔巴尼亚,抵抗运动牵制了意大利和德国军队 15 个以上的师,歼灭敌人 7 万左右。

其次,欧洲共产党通过建立反法西斯统一战线,动员起最广泛的人民群众参与到反法西斯抵抗运动中。战争期间,在希特勒占领的超过 5 亿人口的欧洲地区,将近 90% 的人民参加了各种形式的抵抗斗争,形成了浩浩荡荡的反法西斯抵抗大军,使德意法西斯陷入了人民战争的汪洋大海之中,极大推动和加速了盟军的军事胜利以及法西斯势力的灭亡。

再次,欧洲共产党通过游击战、运动战配合盟军在正面战场的作战,为反法西斯战争进程的顺利推进发挥了重要作用。尤其是在战争末期的战略反攻阶段,欧洲共产党领导的武装部队不同程度地发挥了主力军作用。在法国,法国共产党领导的游击队作为主要力量推动巴黎起义走向胜利,为走向全国解放打下了重要基础。在希腊,希腊人民解放军几乎在没有依靠任何外力的情况下,解放了全国 33 个省中的 31 个半省。在波兰,人民解放军不仅配合苏联军队解放了波兰全境,还参与了解放德国的斗争,成为打败德国的主力军之一。

此外,在整个反法西斯斗争过程中,欧洲共产党付出了巨大牺牲。据统计,1939~1945年,在奥地利,有2000名共产党员被处死,4280名党员被关进集中营,奥共中央委员13人牺牲。在捷克,有2500名共产党员献出生命,6万名党员被关在集中营长期饱受折磨。在南斯拉夫,仅在1942年的一次进攻中,德国纳粹就将几千名反法西斯民族解放战士关进了集中营,整个战争期间,南共上万人为国捐躯。在意大利,因参加抵抗运动而牺牲的游击队员达70930人。在比利时,有1/4的共产党员被关进集中营或被杀害,仅1943年初就有522名党员被处死,1943年3月至1944年2月,约有4700名党员被捕。在德国,战前有30万名共产党党员,战后只剩约15万人。在波兰,工人党领导的以"人民近卫军"为核心力量的游击队组织中,共有约20万人在战斗中光荣牺牲。

(二)欧洲共产党反法西斯斗争的历史影响

第一,扩大了共产党在欧洲的政治存在与影响。由于欧洲各国共产党在二战中始终站在反法西斯斗争的最前线,积极动员和领导人民同法西斯势力进行坚决斗争,为战争的最终胜利做出了巨大贡献,因此在战争结束之后,许多共产党赢得了极高的社会声望并获得群众拥护,自身力量也得到了空前发展。比如,法国共产党在1947年的党员数达到历史最高的90.8万,近乎是1937年32万党员的3倍。意大利共产党在1943年仅有党员1.5万,到1947年时猛增到200万。希腊共产党在1944年德国法西斯占领结束时的登记党员数也达到了40万。

在有利形势下,欧洲共产党在议会斗争中也取得了重大进步。法国共产党在战后连续几次议会选举中的得票率稳步增长,在1946年11月的国民议会选举中,一举获得28.2%的选票和183个议席,一跃成为议会第一大党。在1944年9月至1947年5月,法国共产党还先后参加了五届政府,有8位领导人先后担任副总理和部长。意大利共产党战后7次参与组阁,并在1946年选举中得到了18.9%的选票和104个议席,位居议会第三位。在其他一些小国,共产党在议会斗争中也取得较好成果,如比利时共产党1946年的得票率为12.7%,拥有23个议席,并在后来长达39年的时间里一直拥有议会席位。从整个国际共产主义运动发展进程看,反法西斯斗争的胜利奠定了各国共产党在欧洲政治中的重要地位,战后初期更是成为共产党议会斗争的鼎盛时期。

第二,推动了马克思主义理论的丰富与发展。欧洲共产党大多诞生于 20 世纪 20 年代前后,在成立后不久即遭遇法西斯兴起及二战爆发。在 20 多年的反法西斯斗争进程中,欧洲共产党将马克思主义从书斋中解放出来,使之走向生动的社会实践,并通过与法西斯势力开展针锋相对的斗争积累了宝贵的经验,创造性地丰富和发展了马克思主义理论。比如在政治斗争中,推行统一战线政策,为实现自己的历史使命,在共同的反法西斯战略目标下,团结一切可能团结的力量,与社会各个阶层和政治派别广泛联合起来结成政治联盟,并建立起统一战线组织和政权,发展了马克思主义统一战线理论;在军事斗争中,从敌我实际出发,合理选择作战形式,通过采取游击战、运动战等战略战术,发展了以灵活、流动、速决为特点的非正规作战的新形式,广泛动员群众投入反法西斯斗争,丰富和完善了马克思主义军事理论;在思想文化斗争中,秘密开展宣传鼓动工作,以出版地下刊物、散发传单、张贴标语等各种形式进行广泛深入的宣传,启发了群众觉悟,有力地粉碎了德意法西斯在欧洲推行种族主义和思想文化专制与奴役的图谋,积累了马克思主义思想文化斗争的宝贵经验。

第三,推动了民众觉醒、觉悟和社会变革。在二战中,欧洲共产党与法西斯势力的英勇斗争及其展现出的大无畏精神,使欧洲民众经历了一场触及思想深处的洗礼。它不仅使广大民众认清了法西斯主义的本质,也极大提高了民众的觉悟,使其深刻意识到自身的责任和价值,并在战后积极投入到争取自身权益和社会进步的斗争中。正如西方学者所言,"抵抗运动促使人们去思考他们的政治责任,它使人们深切地感到,每隔四五年投一次票并不是他们能参与缔造和确定社会的唯一方法";"抵抗运动使这一点显得突出起来,即正是人们承担起这一最后的责任,以维护社会,并为改进这一社会而工作"。[①]作为这种反抗精神的延续,二战结束后西方世界掀起了

_____

[①] 〔英〕霍利亨:《二次大战中抵抗运动所起的作用》,《现代国外哲学社会科学文摘》1985 年第 6 期。

一波又一波民主化浪潮。正是在民众反抗斗争的推动下,西方各国逐步扩大了普通公民的言论出版自由权利,确立了公民在民族、种族、性别、选举等方面的平等权利,普遍性的社会福利制度也确立和发展起来。

第四,为战后民族解放运动开辟了更为广阔和现实的道路。毛泽东同志在总结反法西斯战争胜利的历史意义时曾经指出,"如果说,十月革命给全世界工人阶级和被压迫民族的解放事业开辟了广大的可能性和现实的道路,那末,反法西斯的第二次世界大战的胜利,就是给全世界工人阶级和被压迫民族的解放事业开辟了更加广大的可能性和更加现实的道路"。[①] 在欧洲许多国家,反法西斯的民族解放斗争与人民革命紧密结合起来,在主要依靠自己的力量或在苏军的帮助下解放全国后,纷纷选择走上人民民主道路。二战后,位于欧洲东南部和中部、苏联西侧的 8 个国家,即保加利亚、罗马尼亚、波兰、匈牙利、捷克斯洛伐克、阿尔巴尼亚、德意志民主共和国和南斯拉夫建立起社会主义制度。同时,反法西斯战争的胜

---

① 《毛泽东选集》第 4 卷,人民出版社,1991,第 1357 ~ 1358 页。

利也推动殖民地半殖民地的民族解放运动蓬勃发展起来。亚非拉一大批国家获得独立,英法葡荷等老牌殖民主义帝国土崩瓦解,帝国主义和殖民主义力量被极大削弱。其中,部分国家还通过民主革命走上了社会主义道路。这样,社会主义从苏联一国发展到多国,形成了世界社会主义体系。社会主义与资本主义力量之间的共存、抗衡与较量,成为20世纪后半叶世界历史发展的显著特征。

历史的车轮滚滚向前。战后60多年间,欧洲共产党的发展历程曲折起伏:既出现过发展壮大的高潮和"欧洲共产主义"的辉煌时期,也不断受到国内外反对势力的打压和迫害,一次又一次面临困境和考验。20世纪80年代末90年代初,在苏东剧变的巨大冲击下,欧洲共产党更是遭遇前所未有的生存危机和长期性发展低潮。但是,从整个历史发展过程看,无论是在哪一个时期,欧洲共产党始终是当代西方工人阶级以及其他社会下层普通民众利益的坚定捍卫者。它们高举社会主义旗帜,揭露和批判资本主义的弊病,抨击现实社会的不公正不平等,追求建立一种能够更好地维护和实现普罗大众根本利益的社会制度。这既是共产党人的历史使命之所在,在一定意义上,也是反法西斯抵抗运动伟大的斗争和反抗精神在当代的继承与延续。当前,受主客观环境的制约,欧洲共产主义运动面临着巨大困难和挑战,但一批拥有先进思想与意识形态的欧洲共产党人,仍然在推动社会正义与进步的伟大道路上勇敢前行。正义必将战胜邪恶,进步必将战胜反动,光明必将战胜黑暗! 这一人类社会的普遍规律已为反法西斯战争的伟大胜利所证实,也必将为欧洲共产主义运动的发展所验证,并成为世界社会主义发展前景的生动写照。

居安思危·世界社会主义小丛书
（已出书目）

编号	作者	书　名	审稿人
1	李慎明	忧患百姓忧患党 ——毛泽东关于党不变质思想探寻	侯惠勤
2	陈之骅	俄国十月社会主义革命	王正泉
3	毛相麟	古巴：本土的可行的社会主义	徐世澄
4	徐世澄	当代拉丁美洲的社会主义思潮与实践	毛相麟
5	姜　辉 于海青	西方世界中的社会主义思潮	徐崇温
6	何秉孟 李　千	新自由主义评析	王立强
7	周新城	民主社会主义评析	陈之骅
8	梁　柱	历史虚无主义评析	张树华
9	汪亭友	"普世价值"评析	周新城
10	王正泉	戈尔巴乔夫与"人道的民主的社会主义"	陈之骅

编号	作者	书 名	审稿人
11	王伟光	马克思主义与社会主义的历史命运	侯惠勤
12	李慎明	居安思危：苏共亡党的历史教训	课题组
13	李 捷	毛泽东对新中国的历史贡献	陈之骅
14	靳辉明 李瑞琴	《共产党宣言》与世界社会主义	陈之骅
15	李崇富	毛泽东与马克思主义中国化	樊建新
16	罗文东	中国特色社会主义理论与实践	姜 辉
17	吴恩远	苏联历史几个争论焦点真相	张树华
18	张树华 单 超	俄罗斯的私有化	周新城
19	谷源洋	越南社会主义定向革新	张加祥
20	朱继东	查韦斯的"21世纪社会主义"	徐世澄
21	卫建林	全球化与共产党	姜 辉
22	徐崇温	怎样认识民主社会主义	陈之骅
23	王伟光	谈谈民主、国家、阶级和专政	姜 辉

编号	作者	书　名	审稿人
24	刘国光	中国经济体制改革的方向问题	樊建新
25	有林 等	抽象的人性论剖析	李崇富
26	侯惠勤	中国道路和中国模式	李崇富
27	周新城	社会主义在探索中不断前进	陈之骅
28	顾玉兰	列宁帝国主义论及其当代价值	姜　辉
29	刘淑春	俄罗斯联邦共产党二十年	陈之骅
30	柴尚金	老挝：在革新中腾飞	陈定辉
31	迟方旭	建国后毛泽东对中国法治建设的创造性贡献	樊建新
32	李艳艳	西方文明东进战略与中国应对	于　沛
33	王伟光	纵论意识形态问题	姜　辉
34	朱佳木	中国特色社会主义纵横谈	朱峻峰
35	姜　辉	21 世纪世界社会主义的新特点	陈之骅
36	樊建新	我国社会主义初级阶段的基本经济制度	周新城

编号	作者	书　名	审稿人
37	周新城	当代中国马克思主义政治经济学的若干理论问题	樊建新
38	赵常庆	社会主义在哈萨克斯坦的兴衰	陈之骅
39	李东朗	中国共产党是抗日战争的中流砥柱	张海鹏
40	王正泉	苏联伟大卫国战争	陈之骅
41	于海青 童　晋	欧洲共产党与反法西斯抵抗运动 ——镌刻史册的伟大贡献	姜　辉
42	张　剑	社会主义与生态文明	李崇富

图书在版编目（CIP）数据

欧洲共产党与反法西斯抵抗运动：镌刻史册的伟大
贡献／于海青，童晋著. －－北京：社会科学文献出版
社，2016.10
　　（居安思危·世界社会主义小丛书）
　　ISBN 978 - 7 - 5097 - 8886 - 8

　　Ⅰ.①欧…　Ⅱ.①于…②童…　Ⅲ.①共产党 - 研究
- 欧洲②反法西斯抵抗运动 - 研究 - 欧洲　Ⅳ.①D35
②K152

中国版本图书馆 CIP 数据核字（2016）第 051796 号

居安思危·世界社会主义小丛书
欧洲共产党与反法西斯抵抗运动
——镌刻史册的伟大贡献

著　　者／于海青　童　晋

出 版 人／谢寿光
项目统筹／祝得彬
责任编辑／仇　扬　王小艳

出　　版／社会科学文献出版社·马克思主义编辑部（010）59367004
　　　　　地址：北京市北三环中路甲29号院华龙大厦　邮编：100029
　　　　　网址：www. ssap. com. cn
发　　行／市场营销中心（010）59367081　59367018
印　　装／北京季蜂印刷有限公司

规　　格／开　本：787mm×1092mm　1/32
　　　　　印　张：3.75　字　数：53千字
版　　次／2016年10月第1版　2016年10月第1次印刷
书　　号／ISBN 978 - 7 - 5097 - 8886 - 8
定　　价／10.00元

本书如有印装质量问题，请与读者服务中心（010 - 59367028）联系